ITINÉRAIRES DE DÉCOUVERTES

L'Alsace

TEXTE **Bernard Vogler** PHOTOGRAPHIES **Hermann Lersch**

Editions OUEST-FRANCE

Sommaire

Page de gauche
Le retable d'Issenheim.
© Musée Unterlinden.
Photo : O. Zimmermann.

Les facettes d'une identité

Page de gauche
Les couleurs de la région d'Alsace.

L'Alsace est une petite région de 8 310 km^2 peuplée de 1 800 000 habitants, soit une des plus fortes densités en France (216 au km^2). C'est avec la Bretagne et la Corse la région qui a conservé la plus forte identité, renforcée par une histoire spécifique et souvent ignorée à l'ouest des Vosges, ce qui a provoqué tantôt une incompréhension, tantôt un véritable fossé.

Cette identité est liée à deux points forts de son histoire, de 1648 à 1870 l'intégration progressive dans l'espace français qui va de pair avec une distanciation croissante avec le monde germanique et le développement d'une double culture. De 1870 à 1945 l'Alsace devint un enjeu entre ses deux voisins, ce qui provoque de profonds traumatismes et un attachement plus vif à ses particularités.

Face à l'extérieur, l'Alsace offre une double image. Vue de Paris ou de la « France profonde », c'est une région périphérique limitée par le Rhin, une sorte de « finisterre » de l'Est, au climat plus rude, mais jugée riche et prospère. Mais sur une carte de l'Union européenne, l'Alsace occupe une position centrale et fait partie de l'un des ensembles les plus densément peuplés et les plus urbanisés de l'Europe, de sorte que de n'importe quelle localité de la plaine, on aperçoit au moins un ou deux clochers.

Un clocher sort de la brume matinale des Vosges.

Les lignes des vignes.

Le mur païen.

Au centre
Buste de Bacchus en bronze argenté, Strasbourg, fin du 1er siècle après J.C. © Musée Archéologique de Strasbourg.

A droite
œnochoé en bronze à décor de palmette,Sessenheim, la Tène ancienne. © Musée Archéologique de Strasbourg.

Verre gravé chrétien, décoré de scènes de l'Ancien testament, Strasbourg, nécropole de la Porte Blanche, début du 4e siècle après J.C. © Musée Archéologique de Strasbourg.

La plaine et le Vignoble

L'Alsace occupe la rive gauche du fossé rhénan sur une longueur de 160 km. D'est en ouest, en quelques kilomètres, on va des bords du Rhin au sommet des Vosges en traversant trois régions très différentes : la montagne vosgienne (cf. infra), le Vignoble et la plaine.

Au pied des Vosges se trouvent les collines de calcaire sous-vosgiennes, hachées de failles qui isolent des blocs et des terroirs favorables à la vigne, même si parfois leur largeur n'excède pas 500 m.

La plaine elle-même connaît trois types de paysages. Les zones lœssiques constituent les parties les plus riches, bastions de la culture céréalière intensive, comme l'Outre-Forêt, le Kochersberg et la plaine d'Erstein. Les zones basses, les Rieds, sont les régions humides du Rhin, de l'Ill et de quelques-uns de ses affluents jadis domaines de la prairie. Depuis une trentaine d'années elles ont été en grande partie transformées en champs de maïs. Il s'y ajoute des terrasses quaternaires constituées de cailloutis fluvio-glaciaires calcaires secs, la Hardt, une vaste forêt de plaine dans le Haut-Rhin, et des cônes d'alluvions édifiés par les principales rivières, en particulier la forêt de Haguenau.

Deux régions à part. Au sud le Sundgau, une zone de collines à dominante herbagère avec les premiers contreforts boisés du Jura le long de la frontière suisse. Au nord-ouest, l'Alsace bossue située à l'ouest des Vosges et qui fait partie du plateau lorrain également par son paysage de villages-rues et de maisons-blocs.

A gauche
© Musée Archéologique
de Strasbourg.
Stèle funéraire du légionnaire Largennius, Strasbourg-Kœnigshoffen, 1er siècle après J.C.

Une histoire marquée par les guerres et liée à l'espace rhénan

L'Alsace a été une région occupée très tôt par les hommes. Après l'apparition de l'agriculture vers 5300 av. J.-C. et l'âge des métaux, les Celtes s'installent entre 1500 et 1200.

Les Romains et les Alamans

C'est avec la guerre des Gaules que l'Alsace entre dans l'histoire en 58 av. J.-C. Après la victoire de Jules César sur le chef germain Arioviste, l'Alsace entre pour plus de quatre siècles dans l'Empire romain. La colonisation se traduit par la création de camps le long du Rhin, dont Argentoratum (Strasbourg au VIe siècle) vers 12 av. J.-C., d'un réseau de communications, l'émergence d'une civilisation gallo-romaine avec la viticulture, des entreprises de poterie et l'apparition du christianisme vers le IVe siècle.

Après le départ des Romains, les Alamans s'installent au Ve siècle en Alsace : ils y imposent leur langue, l'alémanique, qui s'étend des Vosges aux confins de la Bavière et en Suisse alémanique. Le nom Alsace apparaît sous la plume du chroniqueur Frédégaire en 610.

Le duché d'Alsace

Au VIIe siècle apparaît pour un siècle (640-740) le duché d'Alsace grâce à la dynastie des Etichonides : le personnage le plus marquant est Adalric, père de sainte Odile. C'est l'époque de la création d'importantes abbayes, dont Murbach, Munster, Marmoutier et Wissembourg qui favorisent une riche culture monastique : c'est l'époque aussi où le bénédictin Otfried de Wissembourg compose une remarquable adaptation de l'Histoire sainte en francique.

L'Alsace médiévale dans l'Empire germanique

En 870 l'Alsace passe par le traité de Meersen à la « Francie orientale » qui devient l'espace politique germani-

Les armoiries des Habsbourg à Colmar.

Donation du couvent : le duc Etichon remet à sa fille Odile le document. Bas-relief au mont Sainte-Odile.

Enceinte du Haut-Kœnigsbourg.

Le Haut-Kœnigsbourg.

que, dans lequel elle demeure jusqu'en 1648. À partir du XIIe siècle, le bassin rhénan constitue le centre de gravité, à la fois politique, économique, culturel et artistique du Saint Empire fondé en 962. Du Xe au XIIIe siècle s'installe le système féodal qui entraîne une densité plus forte qu'ailleurs de châteaux forts – dont les ruines sont devenues aujourd'hui un important patrimoine touristique – due au morcellement seigneurial, à l'absence de grandes entités politiques et à l'anarchie des temps troublés.

Après les Eguisheim, qui ont donné le pape Léon IX (1049-1054), aux XIe et XIIe siècles, les Hohenstaufen, détenteurs de la couronne impériale de 1152 à 1250, ont assuré à l'Alsace une période brillante : création d'un réseau urbain dense, culture monastique vivante symbolisée par l'*Hortus Deliciarum* composé de mille deux cents textes et de plusieurs centaines de miniatures, art roman.

Après leur disparition (1254), l'Alsace subit un morcellement territorial qu'elle conservera jusqu'à l'annexion française et qui en fait une mosaïque d'Etats minuscules : quelques princes séculiers, dont les Habsbourg, empereurs, au sud, et ecclésiastiques (prince-évêque de Strasbourg, prince-abbé de Murbach), deux dizaines de chevaliers d'Empire, possédant chacun plusieurs villages et onze villes libres.

L'Alsace devient, à l'image de l'ensemble du sud-ouest de l'Empire, une région fortement urbanisée comprenant plus d'une cinquantaine de villes, qui affirment leur force à travers des bâtiments, devenus aujourd'hui, dans la mesure où ils ont été conservés, un élément essentiel de leur patrimoine touristique : hôtel de ville, halle aux grains, puits, églises. Onze cités dépendent directement de l'empereur : la plus importante est Strasbourg, dotée d'une Constitution (1482) et qui est une République autonome. Les dix autres s'associent dans la ligue de la Décapole (1354) dissoute en fait par Louis XIV. Elle assure un certain ordre sur le plan économique, commercial et monétaire. L'essor urbain favorise celui de l'art gothique.

Mais l'Alsace est affectée aussi par des calamités. La peste noire fait de nombreuses victimes en 1349. À plusieurs reprises les campagnes sont dévastées par des expéditions militaires : troupes de mercenaires licenciées lors de la guerre de Cent Ans en France, en 1365, 1375, 1439 et 1444, Confédérés suisses dans le Sundgau (1468).

Le siècle d'or (1480-1618)

Après 1450 la reprise économique suscite un net renouveau culturel et les années 1500 à 1520 sont une des périodes les plus riches de l'Alsace, en parti-

La bibliothèque humaniste

Son origine remonte à Beatus Rhenanus (1485-1547), un humaniste, philologue et historien qui se retire en 1526 dans sa ville natale. Il léguera sa riche bibliothèque de quelque 670 volumes à la bibliothèque de sa ville. Celle-ci, fondée en 1452, s'enrichit des dons d'anciens élèves de l'école humaniste, la plus importante en Alsace de 1440 à 1525. La bibliothèque, qui comprend près de 3000 manuscrits et imprimés qui couvrent une période qui va du VIIe au XVIe siècle, constitue le prestigieux témoin de la grande période de l'humaniste rhénan. Elle est installée depuis 1889 au premier étage de la halle au blé construite en 1843.

Au-dessus
Lectionnaire mérovingien du VIIe siècle à la Bibliothèque humaniste de Sélestat.

Miniature dans le Hortus deliciarum.

Le retable d'Issenheim

Ce chef-d'œuvre associe un ensemble de sculptures sur bois attribuées à Nicolas de Haguenau vers 1510 et des panneaux peints par Grünewald entre 1510 et 1516 et caractérisés par un mysticisme angoissé. Il comporte deux volets fixes et deux séries de volets pivotants. Le retable fermé comporte la Crucifixion, la Mise au tombeau, saint Sébastien et saint Antoine. La première ouverture comporte l'Annonciation, la Résurrection, le Concert des Anges et la Nativité, la deuxième ouverture la visite de saint Antoine à saint Paul dans le désert et la Tentation de saint Antoine.

culier sur le plan culturel et artistique. Strasbourg devient grâce à Gutenberg une des capitales européennes du livre imprimé. L'Alsace est alors un des principaux foyers de l'humanisme allemand qui stimule un patriotisme germanique, autour de trois grands personnages : Geiler de Kaysersberg (1446-1510), prédicateur à la cathédrale, Sébastien Brant (1457-1521), auteur de *La Nef des fous*, un poème satirique et moralisant, et Jacob Wimpheling (1450-1528), historien et pédagogue. Un demi-siècle plus tard Johann Fischart se rend célèbre par ses écrits satiriques.

Trois grands peintres y exercent leur talent : Martin Schongauer *(Vierge au buisson de roses)*, Mathias Grünewald, auteur du *retable d'Issenheim*, joyau du musée Unterlinden de Colmar, qui se caractérise par la vigueur de l'expression, l'audace des couleurs et le caractère visionnaire des paysages, et Hans Baldung Grien (scènes religieuses et représentations de la femme).

L'Alsace est alors très prospère : elle exporte de grandes quantités de grains et de vin, ce qui permet la construction d'un remarquable équipement urbain en partie conservé dans des villes comme Obernai, Barr, Riquewihr et Kaysersberg.

Le XVIe siècle est marqué aussi par le succès de la Réforme protestante qui s'impose dans un tiers de la région, en particulier au nord de la ligne Saverne-Strasbourg. Cette ville en devient un véritable pôle européen grâce à l'association de deux personnalités d'envergure, Jacques Sturm, un grand diplomate, et Martin Bucer (1491-1551), l'organisateur de la Réforme.

Après 1570 les territoires demeurés catholiques connaissent un renouveau grâce à l'arrivée de jésuites et de capucins. Le collège jésuite de Molsheim, fondé en 1580 et transformé en université en 1618, devient pour longtemps le centre spirituel de l'Alsace catholique.

L'effondrement et l'intégration à la France au XVIIe siècle

La guerre de Trente Ans (1618-1648), qui entraîne la disparition de près de la moitié de la population, provoque un véritable effondrement culturel et scolaire. Par les traités de Westphalie (1648) la France obtient les droits et les possessions des Habsbourg en Alsace, soit 80 % de l'actuel département du Haut-Rhin.

La période 1648-1715 se caractérise par l'intégration progressive dans le royaume de France et la séparation avec l'Empire : dissolution de la Décapole, annexion de tous les territoires, dont Strasbourg, situés entre Landau et Belfort, le Rhin devient en 1697 une frontière reconnue en droit international.

Les mutations du XVIIIe siècle

Le XVIIIe siècle est une période de paix qui favorise le doublement de la population, la prospérité agricole et une certaine vitalité culturelle. La présence française se traduit par un contrôle croissant exercé sur les villes et la diffusion de la langue.

Si les mutations agricoles demeurent lentes, l'Alsace connaît un démarrage industriel dans le secteur textile à partir de Mulhouse dans la plupart des vallées vosgiennes. La diffusion du paupérisme n'empêche pas l'enrichissement de nombreux milieux sociaux.

Page de gauche
Avec l'aimable autorisation du Conseil de Fabrique de la paroisse Saint Martin de Colmar.
© «Vierge au buisson de roses» de Schongauer.

© Musée de l'Impression sur étoffe à Mulhouse.

L'orgue dans la cathédrale de Strasbourg.

Le pont du Rhin
dans les années 1920.

L'horloge révolutionnaire
à l'église Saint-Léger de
Guebwiller.
Le texte, écrit en allemand :
Vivre libre ou mourir.
Troisième année de
la liberté – 1791.

L'Alsace devient terre de rencontre de deux cultures : artistes et intellectuels séjournent à la fois en France et dans les cours allemandes, ce qui favorise l'éclosion de sociétés littéraires et la pénétration maçonnique. L'université protestante (1621-1793) attire des étudiants de toute l'Europe. Strasbourg devient un grand chantier avec l'édification d'une véritable floraison de palais et d'hôtels dans le style Louis XV. L'Alsace compte quelques témoins précieux de l'architecture monumentale classique illustrée dans de nombreuses façades.

Mais une barrière culturelle s'instaure : le bilinguisme demeure l'apanage des milieux sociaux aisés, le français la langue du pouvoir politique et des salons. À l'inverse les liens avec l'Allemagne demeurent étroits dans le domaine des échanges commerciaux, de la culture et des livres.

L'intégration à la France sous la Révolution et l'Empire (1789-1815)

Au début de la Révolution, la majorité des Alsaciens sont touchés par la fièvre de la liberté et l'enthousiasme pour la Révolution, symbolisés par la pancarte plantée à l'entrée du pont de Kehl sur le Rhin : « Ici commence le pays de la Liberté. » Ils ont conscience de passer du statut de sujet à celui de citoyen et, à travers des élections, de participer à la genèse d'un monde nouveau.

Mais la radicalisation du régime après la chute de la monarchie et la Terreur entraînent une inertie croissante. La plupart des Alsaciens se sentent blessés lorsqu'on porte atteinte à leur identité, à savoir la langue, l'habillement et surtout la religion. Les jacobins francophones locaux glissent vers une véritable hystérie antialsacienne.

Le bilan de la Révolution consiste en une intégration à l'ensemble national grâce aux nouvelles valeurs véhiculées : la Liberté, l'Egalité et les Droits de l'homme qui ont suscité dans cette région frontière la conscience que leur destin est désormais lié à celui de la France. On se sent citoyen français de langue allemande. Le Rhin devient une frontière nationale, militaire et économique.

Le régime napoléonien a favorisé l'intégration complète dans l'espace français par la solution du problème religieux (Concordat) et enraciné pour plus d'un siècle une vocation militaire favorisée par les nombreuses réussites symbolisées par Kléber et Rapp, dont la statue trône sur la principale place de leur ville natale. Ces réussites expliquent la force et la durée de la légende napoléonienne.

L'essor économique de 1815 à 1870

Entre 1815 et 1870 l'Alsace bénéficie d'une forte poussée industrielle. Mulhouse est devenue, grâce à quelques grandes dynasties protestantes (Dollfus, Kœchlin, Mieg et Schlumberger), un foyer d'innovation dans l'industrie chimique et mécanique. Un réseau ferroviaire est mis en place très tôt (Strasbourg-Bâle inaugurée en 1841). Il s'y ajoute une alphabétisation quasi générale, une large diffusion du livre et de la lecture et les progrès rapides de la langue française après 1850.

Le pouvoir politique est accaparé jusqu'en 1848 par des dynasties bourgeoises, industrielles, négociantes ou bancaires. Sous le second Empire, bien accepté et période de prospérité, on assiste à un renforcement de la centralisation, en particulier avec l'ouverture de la voie ferrée Strasbourg-Paris.

Le Reichsland Alsace-Lorraine (1871-1918)

La guerre de 1870, suivie de l'annexion de l'Alsace au Reich allemand, provoque un véritable traumatisme dans la population, entraînée dans une turbulence nationaliste. Jusqu'en 1945, avec quatre changements de nationalité en soixante-quinze ans, l'Alsace est durement marquée par le clivage entre francophiles et partisans de la culture germanique, constitutive du patrimoine régional. Dans la France d'outre-Vosges naît une nouvelle Alsace, symbole de la Patrie meurtrie, qui va éveiller dans le roman, l'enseignement et la politique de lancinants échos, transmis par l'imagerie de Hansi, mais aussi après 1918 et 1945 une image en partie faussée.

Entrée du palais du Rhin à Strasbourg, ancien palais impérial.

Deux cimetières militaires : à gauche allemand, de Baerenstall, à droite français, du Vieil Armand.

L'Alsace devient une terre d'Empire avec un gouvernement et un parlement propres. Elle connaît une profonde mutation économique avec la création d'industries, la modernisation de l'agriculture et de nouvelles lois sociales. La germanisation se traduit par une forte immigration d'Allemands et une importante politique d'urbanisme : construction de nouveaux quartiers dans les villes avec des casernes et des châteaux d'eau, en particulier la nouvelle ville de Strasbourg avec le quartier gouvernemental autour du Kaiserplatz (place de la République). Après 1890 on assiste à un « réveil alsacien », particulièrement affirmé dans les domaines de l'art, de la littérature et du théâtre.

Les mutations culturelles, politiques et économiques contribuent à cristalliser une conscience politique alsacienne. La persistance d'une certaine francophilie n'empêche pas une

intégration croissante, politique, économique et culturelle, dans le Reich.

Durant la Grande Guerre, les Alsaciens sont déchirés entre les deux camps. Les civils sont suspectés à la fois par les Allemands (« têtes de Français ») et les Français (« sales boches »). D'âpres combats sont livrés en 1915 sur les sommets vosgiens, aujourd'hui truffés de monuments commémoratifs et de cimetières militaires (cf. lieux de mémoire).

Le XXe siècle

Durant la période de l'entre-deux-guerres, l'Alsace subit une politique d'assimilation qui provoque un grave malaise, générateur de l'autonomisme qui pèse lourdement sur la province de 1926 à 1935, et de fortes tensions entre « nationaux » et « autonomistes », défenseurs du particularisme, le tout sur fond de crise économique et de menace d'un nouveau conflit dans les années 30. Le Rhin devient une véritable frontière culturelle symbolisée dans le paysage par les deux lignes opposées, Maginot et Siegfried.

La vie culturelle est en partie étouffée par la pression linguistique des autorités françaises face à la culture régionale, l'amalgame entre autonomisme et séparatisme et le drame des intellectuels qui, formés avant 1918 dans le moule allemand, mais français de cœur, se voient brusquement arrêtés dans leurs activités scientifiques et littéraires.

La Seconde Guerre mondiale est l'épreuve la plus tragique que l'Alsace ait connue au cours de son histoire. Après l'évacuation début septembre 1939 du tiers de la population dans le Sud-Ouest, la région a subi pendant quatre ans une annexion de fait au Reich, ce qui s'est traduit par la mise en place d'un régime dictatorial, un pillage économique, l'incorporation de force de 130 000 Alsaciens-Mosellans dans l'armée allemande et le calvaire des prisonniers

La ligne Maginot à Lembach, tourelle à éclipse.

La mère Alsace pleure ses deux fils allemand et français, place de la République à Strasbourg.

Dès fin juin 1940, les plaques des rues sont changées à Strasbourg. La rue du 22 novembre (1918) est changée en 19 juin, jour de l'entrée des Allemands dans la ville.

Identité régionale sous la forme d'un texte mi-alsacien, mi-français.

dans le camp soviétique de Tambov. Le bilan des pertes en vies humaines atteint 5 % de la population, soit le triple du reste de la France, à quoi s'ajoute en 1945 une épuration injuste et incohérente. Cette tragédie, qui a beaucoup pesé sur la vie politique, sociale et culturelle de la région jusqu'à nos jours, a favorisé une politique d'étouffement de la langue et de la culture régionales.

Depuis 1945 l'Alsace connaît une intégration croissante dans le système socioculturel national. La naissance du Marché commun à partir des années 60 la place au cœur de l'espace communautaire sur l'axe rhénan. Elle constitue aujourd'hui, après l'Ile-de-France, la deuxième région française pour la contribution fiscale par habitant.

L'identité régionale

La conscience identitaire, demeurée forte, a été forgée en particulier par le dialecte et l'histoire qui demeure présente à travers quatre-vingt-dix sociétés d'histoire et d'archéologie qui, avec 60 000 membres, regroupent près de 4 % de la population et à travers le droit local. Celui-ci est constitué de lois de trois origines différentes : des lois françaises d'avant 1870 supprimées sous la IIIe République (Concordat, loi Falloux), des lois fédérales allemandes, dont le code des assurances sociales, et des lois locales votées par la diète du Reichsland (loi communale, régime foncier, chasse...). Malgré une politique de grignotage, le droit local demeure très vivant : chambres de métier, repos dominical, tenue du livre foncier, organisation du notariat. La protection sociale est meilleure pour les assurances maladie, invalidité et vieillesse.

Le dialecte alsacien, demeuré une langue orale, est une des variantes de l'alémanique. Après l'annexion française l'alsacien demeure la langue usuelle orale et l'allemand la langue écrite. Ce n'est qu'après 1870 qu'il devient une langue écrite qui s'affirme dans deux secteurs : le théâtre et la poésie.

Après 1945, la politique d'étouffement de la culture régionale entraîne un net recul de la pratique active, puis de la connaissance de l'alsacien. Actuellement on estime que seul un tiers des jeunes de moins de 25 ans résidant en Alsace pratique encore l'alsacien. Sa connaissance a surtout régressé dans les villes et le Haut-Rhin. Seuls résistent les trois arrondissements du nord de l'Alsace, alors qu'ailleurs de nombreux couples ne transmettent plus l'alsacien à leurs enfants. Ce n'est que depuis 1982 que l'alsacien est perçu non plus comme un handicap scolaire, mais comme l'atout d'un véritable bilinguisme dans une zone européenne de contacts et d'échanges.

Mais coupé de l'allemand écrit, sa sève nourricière, l'alsacien tend aujourd'hui à être confiné dans un passé rural et artisanal. Il est menacé par une invasion de gallicismes et une incapacité à s'adapter au vocabulaire produit par la révolution culturelle en cours. Cela explique les craintes concernant son maintien.

L'identité, c'est aussi l'attachement à un certain nombre de valeurs : sens du travail, conscience de l'intérêt général, climat social plus consensuel, place de la famille, bien que fragilisée. La vie associative, beaucoup plus forte que dans le reste de la France, favorise la convivialité (importance des fêtes, familiales, associatives et communales) et la sociabilité. Actuellement au moins un Alsacien adulte sur deux fait partie d'une association, et seule une commune sur six n'a pas son club de football qui constitue souvent un symbole de la vitalité villageoise.

L'Alsace a la chance d'être ouverte à deux cultures : la culture française présente à travers le système scolaire, les médias et la vie professionnelle, alors que l'influence germanique se manifeste par l'importance donnée à l'habitat, au chez-soi, au confort, à la vie musicale et à la religion. C'est aussi une sensibilité, illustrée par le succès du théâtre alsacien et l'audience des émissions régionales de la télévision, sans oublier le large succès commercial de nombreux « alsatiques » : l'Alsace est la seule région française à avoir suscité un terme spécifique qui désigne les livres portant sur l'Alsace dans les disciplines les plus variées.

La Maison Kammerzell à Strasbourg.

Maison à Dambach-la-Ville.

Les traditions populaires

L'Alsace est une région qui, en raison de sa forte identité, a su conserver un important patrimoine ethnologique et des traditions populaires bien enracinées dans de très nombreux secteurs.

Page de gauche
deux enfants à une fête traditionnelle.

L'architecture rurale et l'Ecomusée

Dans les campagnes existe dans l'habitat ancien une unité qui s'explique par le mode de vie qui se traduit par l'organisation de l'habitat en cuisine-pièce à foyers, sas d'entrée, *Stub* et alcôve. Dans la majeure partie de la plaine, on constate une relative unité de style. L'image traditionnelle est la ferme du Kochersberg et du Pays de Hanau : des bâtiments, avec poutres apparentes, disposés autour de la cour, fermée par un portail, parfois monumental et aux formes artistiques. Le

A l'écomusée d'Ungersheim.

L'Ecomusée

A Ungersheim a été créé un musée en plein air qui comporte actuellement près de soixante-dix maisons alsaciennes typiques des diverses sous-régions.
A l'intérieur ont été installés les objets du quotidien qui sont mis en valeur à l'occasion de diverses animations organisées tout au long de l'année.

Deux intérieurs de l'écomusée à Ungersheim.

A droite
Edith fait la cuisine à l'écomusée.

En haut
la mariée à la Streisselhochzeit : mariage typique paysan à Seebach.
Petit garçon à la Streisselhochzeit.

poutrage est généralement abondant et caractérisé par un certain souci artistique (éléments cintrés, moulures et losanges barrés de la croix de Saint-André). Les inscriptions sur poteau cornier sont nombreuses et intéressantes. Dans les communes catholiques, on trouve souvent des niches abritant des pietàs ou des statuettes de saints au-dessus du portillon.

A partir de 1980 a été mis en place à Ungersheim un musée en plein air. Il présente une série de reconstitutions de maisons alsaciennes typiques des diverses sous-régions et organise de nombreuses animations et activités tout au long de l'année, au point d'être devenu un des lieux culturels et touristiques les plus fréquentés en Alsace.

Il apparaît comme un conservatoire de l'habitat rural alsacien. A l'intérieur des demeures ont été mis en place les objets du quotidien qui reprennent du service à l'occasion d'animations plus ponctuelles. Chaque année le village, qui comporte déjà près de soixante-dix maisons, s'enrichit de nouveaux bâtiments.

La Hardt du Haut-Rhin et le Sundgau ont une architecture plus modeste, alors que dans les vallées vosgiennes on trouve la forme vosgienne, maison-bloc construite en pierres et subdivisée dans le sens de la longueur en trois ou quatre travées : le logis, la grange, l'étable et parfois une remise.

Le Vignoble se caractérise par un habitat spécifique qui privilégie la pierre et qui porte souvent un oriel Renaissance. La cave y tient une place majeure, avec une entrée, sous forme de voûte, directe depuis la rue.

Le costume

Le costume traditionnel du XIXe siècle se caractérise par sa beauté et son originalité. Il a été porté par les femmes âgées jusque dans les années 1960. Il a été fixé par de nombreux artistes régionaux, dont Stoskopf, Kamm, Henner et Spindler, qui ont contribué, ainsi que les fêtes organisées après 1918 et 1945, à le réduire à un prototype, devenu emblème de l'Alsace : robe rouge garnie d'un ruban de velours noir, châle et tablier noirs, chemisier moderne, coiffe à grand nœud noir, parfois rouge. Ce sont les albums de Hansi et les impératifs d'une industrie touristique locale qui l'ont érigé en image de marque de

toute l'Alsace (cartes postales). Le costume masculin a été réduit au gilet rouge, à la veste, au pantalon et chapeau noirs.

De nos jours, on assiste à un renouveau du costume paysan par souci patrimonial et pour des exigences touristiques à travers les groupes folkloriques, soucieux de préserver les spécificités des diverses régions, et les nombreux petits musées d'art et traditions locaux.

L'imagerie populaire

L'imagerie populaire constitue un élément important du patrimoine alsacien, relatif à la fois à l'art, aux traditions populaires, aux pratiques religieuses et à la vie quotidienne. C'est une imagerie peinte dont la grande période se situe aux XVIIIe-XIXe siècles et qui concerne en particulier les rites de passage : lettres de baptême, souvenirs de communion, de confirmation, de conscription, de mariage et de

Ci-dessous

La Vierge dans une niche à Strasbourg, rue des Sœurs.

Ex voto. 1843.
© Musée de Strasbourg.

décès, de peintures sous verre et ex-voto peints à la main. Toute cette imagerie est aujourd'hui présente dans de nombreux musées.

Potier au travail.

Le mobilier et la poterie

Comme l'Alsace est riche en forêts, la création de meubles apparaît très tôt. La pièce essentielle était le coffre, qui servait à ranger les costumes et le linge. Les armoires et les buffets font leur apparition au XVIIIe siècle. Une spécificité est le mobilier polychrome : recouvert d'une couche brune et décoré de motifs réalisés au pochoir dans les tons vert, blanc et noir. Vers 1800 la couleur rouge l'emporte nettement sur les autres. Parmi les autres caractéristiques figure le coffre-banquette qui sert à la fois de siège et de rangement avec un dossier latéral découpé, et la chaise à quatre pieds divergents, dotée d'un dossier découpé et sculpté, dont les modèles atteignent plusieurs centaines de variétés, où dominent les découpures et les sculptures symboliques.

La poterie se concentre aujourd'hui dans deux villages situés à l'orée de la forêt de Haguenau, riche en terre glaise. Betschdorf produit des grès, vernis de gros sel, de couleur grise, décorés au bleu de cobalt sur des motifs faits au stylet. Soufflenheim produit de la céramique vernissée et coloriée d'usage culinaire. Les formes sont variées et reflètent la diversité de la cuisine alsacienne : terrines, moules à gâteau, cruches...

La vitalité musicale

L'Alsace demeure, à l'instar de l'Allemagne, une terre d'élection de la musique sous la forme de la pratique collective, encouragée par le sens communautaire et la vitalité associative. Aussi la plupart des villages ont une fanfare municipale, une société de musique ou une chorale, paroissiale ou associative. Les fédérations de chorales tiennent une grande place : celles des sociétés catholiques de musique, des chorales protestantes et de l'Union Sainte-Cécile. Il existe actuellement près de sept cent cinquante formations regroupant 42 000 choristes, ainsi que deux ensembles vocaux de haut niveau : les chœurs de Saint-Guillaume qui s'illustrent en particulier dans les Passions du vendredi saint et la maîtrise de garçons de Colmar.

Les festivals de musique bénéficient d'un grand succès : Festival international de musique de Colmar, festivals de Guebwiller et surtout de Strasbourg qui repose sur de grands chefs d'orchestre. Musica est devenu un des festivals de musique contemporaine les plus fréquentés en Europe. Il attire un public plus jeune et plus cultivé.

Les ensembles sont nombreux et variés. L'orchestre symphonique de Mulhouse est un ensemble de qualité. Les Percussions de Strasbourg pratiquent le récital de percussion. Elles participent aux grands festivals internationaux et font des tournées dans le monde entier. L'orchestre philharmonique de

Orgue Silbermann dans l'église baroque d'Ebersmunster.

Kougelhopf.

Au nord de Strasbourg, on cultive les asperges.

Les conserves pour l'hiver.

Strasbourg jouit d'un rayonnement international. Il propose chaque année une trentaine de concerts et effectue des tournées à l'étranger.

Le théâtre alsacien

Une spécificité régionale est le théâtre alsacien qui a vraiment débuté en 1898 avec la fondation du Théâtre alsacien de Strasbourg : la pièce de Gustave Stoskopf le *Herr Maire*, a connu un succès extraordinaire, au point de devenir la pièce fondatrice. Longtemps adapté à la culture rurale traditionnelle, il a réussi à rajeunir le public et à renouveler la création en organisant des concours. Actuellement la Fédération des théâtres alsaciens regroupe une dizaine de théâtres qui présentent à chaque saison quatre à six pièces, chacune donnant lieu à plusieurs représentations.

L'Alsace gourmande

L'Alsace est une des régions françaises où la gastronomie tient une grande place. Celle-ci est liée à un savoir-vivre fait de convivialité. Le bien manger et le bien boire occupent une grande place dans la littérature et la peinture régionales.

La restauration constitue depuis des décennies un point fort de l'économie, avec en particulier l'afflux de milliers d'Allemands chaque week-end. L'Alsace est devenue un des hauts lieux de la gastronomie, puisqu'elle compte trois restaurants à trois étoiles (les Haeberlin à Illhaeusern, le Burehiesel [Westermann] et le Crocodile [Emile Jung] à Strasbourg) sur un total national de dix-huit, deux restaurants deux étoiles et vingt-quatre à une étoile.

Il existe toute une série de produits et de plats caractéristiques : la tarte flambée, remise à l'honneur depuis une trentaine d'années, le foie gras, inventé par Jean-Pierre Clause, cuisinier du maréchal de Contades, gouverneur militaire de Strasbourg, et devenu une grande spécialité strasbourgeoise, la choucroute, devenue un plat typique de l'Alsace, accompagnée de plusieurs variétés de saucisses, de cochonnailles et de riesling, la matelote dans le Ried et le long du Rhin (divers poissons d'eau douce accommodés au vin blanc d'Alsace et servis avec des nouilles), le porc et les saucisses aux très nombreuses variétés, enfin le baeckeoffe : trois variétés de viande qui macèrent toute une nuit, puis une matinée de cuisson avec des pommes de terre et des oignons.

Décoration de Noël dans les rues de Strasbourg.

La cuisine s'accompagne d'une riche variété de pâtisseries, dont émergent cinq types : le pain d'épice, un pain de miel aux épices, est décoré d'images polychromes et décliné en cœur, en étoile et en petit bonhomme, les *bredle* sont fabriqués dans chaque famille pendant l'avent pour Noël et le mois de janvier, à partir de pâte à pain, beurre, œufs, lait et sucre ; le kougelhopf, servi à toutes les réceptions avec en général du gewurztraminer, a la forme d'un moule circulaire à protubérance centrale et à côtes. Les tartes, au fromage ou aux fruits (quetsches, mirabelles, pommes, myrtilles), sont une constante des tables alsaciennes. Enfin les bretzels, sucrés, salés ou aromatisés, demeurent très populaires.

Noël

Noël est la fête la plus importante en Alsace. Elle a conservé sa dimension religieuse le soir du 24, où chaque famille fête Noël en famille avant de se rendre à l'office ou à la messe de minuit (mais cette dernière pratique est aujourd'hui en recul). La préparation favorise le commerce (cadeaux et décoration du sapin qui remonte en Alsace au XVIe siècle), en particulier à travers des marchés de Noël. Celui de Strasbourg, qui remonte à 1570, est devenu en quelques années, avec la campagne « Strasbourg capitale de Noël », un événement touristique de grande envergure, qui draine du 1er au 24 décembre des centaines de cars et des milliers de personnes attirées par une ambiance spécifique.

Depuis quelques années les marchés de Noël se sont multipliés à travers l'Alsace : actuellement on en recense une vingtaine répartis à travers sept « pays » de Noël : le plus intéressant est celui de Kaysersberg qui a su conserver une authenticité dans son esprit et la nature des objets vendus, qui ont tous conservé un lien avec Noël, alors qu'un bon nombre des autres marchés ont tendance à privilégier la dimension purement commerciale avec une gamme d'objets plus diversifiés et dont le lien avec Noël n'est plus toujours évident.

Marché de Noël à Strasbourg.

Les hauts lieux de l'art religieux

Page de gauche
La cathédrale de Strasbourg.

La culture a été fortement marquée par les trois confessions religieuses qui ont conservé, à la différence de la France laïque, des liens avec l'Etat (Concordat, Articles Organiques de 1802 et décrets de 1808 pour les juifs) et une présence lors des actes publics.

Cette vitalité spirituelle s'inscrit dans la pierre à travers deux importantes vagues architecturales (romane et gothique) qui ont contribué à la formation d'un remarquable patrimoine architectural, devenu une richesse touristique.

La route romane

L'art roman, présent sur plus de cent vingt sites, a incité les responsables du

Tympan du XIIe siècle à l'église d'Eguisheim : le Christ entre saint Pierre et saint Paul.

tourisme à organiser une route romane reliant les dix-neuf sites principaux, évoqués ici, où sont organisées périodiquement des manifestations musicales et théâtrales.

Cet art roman s'étend sur une période longue, de 970 à 1230. La plupart des églises se caractérisent par un imposant massif occidental, la présence d'une remarquable tour-clocher parfois fortifiée et de riches sculptures, en particulier sur le tympan du portail. En voici les dix-neuf sites les plus intéressants présentés du sud au nord.

Feldbach

C'est une église à la fois abbatiale de bénédictines et paroissiale, qui a été érigée au XIe siècle et prolongée vers 1150. Il s'agit d'un plan basilical sans transept. La partie réservée aux bénédictines est éclairée par des fenêtres circulaires hautes, alors que la partie de la nef destinée aux laïcs, réduite à trois travées et séparée du chœur des religieuses par une cloison en pierre, est éclairée de fenêtres allongées en plein cintre. Seule subsiste l'abside centrale du chœur. La façade est d'une grande simplicité.

Ottmarsheim

Cette église abbatiale, construite dans les années 1030 à 1040, est le seul édifice ottonien conservé en Alsace. Elle reproduit le plan centré de la chapelle palatine d'Aix-la-Chapelle, de Charlemagne, et elle est considérée comme une survivance des traditions carolin-

En bas
L'église octogonale d'Ottmarsheim du XIIe siècle.

Guebwiller, l'église Saint-Léger de style roman tardif rhénan, XIIe et XIIIe siècles.

giennes. Elle est associée à une abbaye de moniales bénédictines fondée par les Habsbourg.

L'église se présente sous la forme d'un octogone qui s'est vu adjoindre à l'est un petit chœur carré, à l'ouest une tour-porche et deux chapelles dont l'oratoire des moniales. Victime d'un incendie en 1991, elle a été restaurée, sauf les fresques du XVe siècle encore en cours de restauration. L'église contient également un riche mobilier (tabernacle et statues), sans oublier les fresques.

Guebwiller

L'église Saint-Léger, construite entre 1182 et 1235, a une superbe façade avec un triple porche, des frises lombardes et deux hautes tours massives à fenêtres géminées. Le clocher est du XIVe siècle et la grande tour de la croisée est octogonale. La nef centrale comporte trois travées carrées.

Fresques et pierres tombales à l'église d'Ottmarsheim.

Murbach

Cette ancienne abbaye fondée en 728 par Pirmin et richement dotée par le comte Eberhard, frère du duc d'Alsace, devient une puissante seigneurie en Haute-Alsace au cours du Moyen Age et qui bénéficie d'un rayonnement à la fois spirituel et artistique. Son église est une des plus belles réalisations romanes en Alsace, construite au cours du XIIe siècle. La nef a malheureusement été démolie en 1764.

La partie conservée est une merveille. Le chœur actuel, voûté d'ogives, est complété par deux chapelles latérales avec étage. Deux hautes tours, à deux étages richement percés de fenêtres, couronnent les travées carrées du transept. L'extérieur est remarquable par l'étagement subtil des volumes, l'alternance de grès jaune et rose et la richesse de la sculpture, en particulier le bestiaire.

Lautenbach

Cette abbaye bénédictine fondée vers 730 dans la partie amont du Florival est transformée en un chapitre d'Augustins. Ceux-ci construisent entre 1080 et 1155 un des plus remarquables édifices romans en Alsace. Entièrement en grès, elle présente un plan cruciforme à trois nefs, un transept très accentué et un chœur à chevet plat. La partie la plus somptueuse est le porche, dont le portail comporte deux frises sculptées qui constituent une sorte de prédication morale. Le chœur

L'église de Murbach, XIIe siècle.

gothique date du deuxième quart du XIIIe siècle. Les deux tours n'ont été ajoutées qu'entre 1859 et 1862.

Gueberschwihr

L'église romane Saint-Pantaléon du XIIe siècle, démolie au XIXe siècle, a été reconstruite en style néo-roman entre 1875 et 1878. Mais on a conservé le clocher roman, considéré comme un des plus beaux en Alsace : il a quatre niveaux, dont trois sont percés de magnifiques arcatures avec des fenêtres géminées et alternées.

Kaysersberg

L'église de l'Invention de la Sainte-Croix, profondément remaniée au XVe siècle, contient un portail roman de 1230. Les chapiteaux sont richement sculptés, dont *Le couronnement de Marie*. La nef centrale se caractérise par le contraste entre des survivances romanes et certaines formes du gothique primitif. Cette église contient de nombreuses œuvres du courant gothique tardif, dont un remarquable retable réalisé en 1518 par Hans Bongartz.

Sigolsheim

L'église Saints-Pierre-et-Paul est une construction romane du XIIe siècle, coiffée d'un clocher sur transept surélevé au XVe siècle. Dans le tympan du portail occidental de très belles sculptures avec un Christ en majesté.

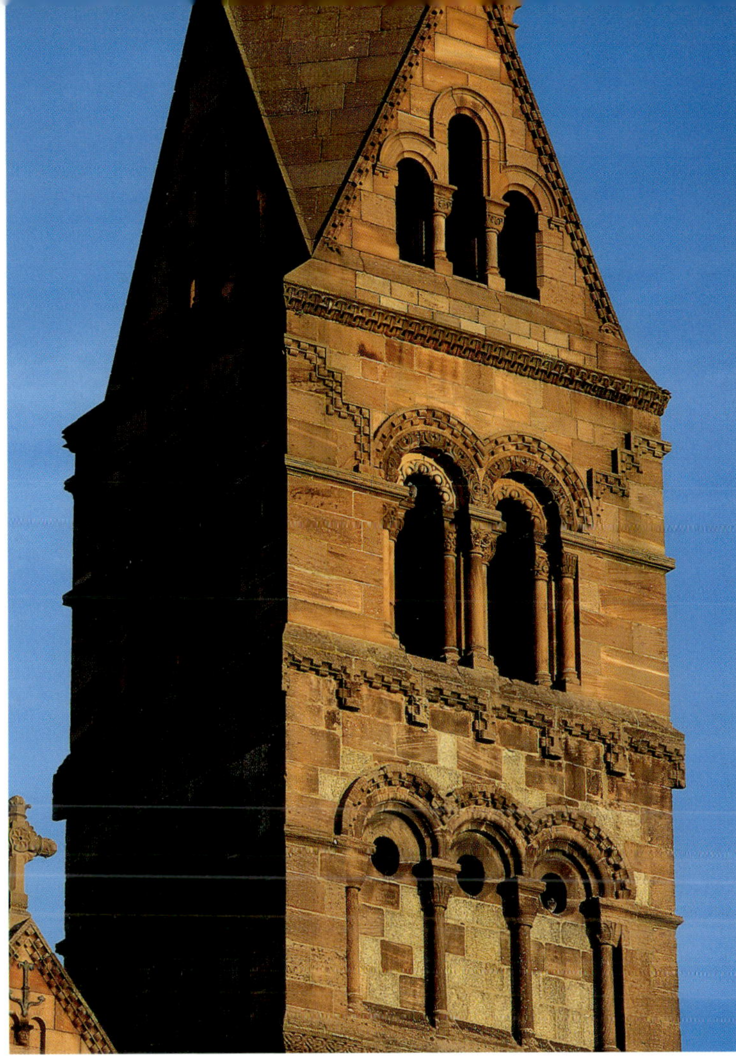

Sainte-Foy de Sélestat

L'église Sainte-Foy a été construite par le prieuré bénédictin, fondé en 1094 par Hildegarde d'Eguisheim qui a fait venir des moines de Conques en Rouergue, durant le règne de l'empereur Frédéric Barberousse (1152-1190) et dans une perspective impériale. Elle a été restaurée par l'architecte Charles Winckler qui y a apporté plusieurs rajouts (clochers, pignon). Construite sur le plan basilical, l'église comporte une nef voûtée divisée en trois vaisseaux. Les chapiteaux sont sculptés de décors végétaux, de masques humains

En haut à gauche
Kaysersberg, le retable de Bongartz à l'église Sainte-Croix.

Ci-dessus
L'église Sainte-Foy à Sélestat.

Frise à l'église d'Andlau : souvenirs des croisades.

A droite
Chapiteau dans l'église Saint-Pierre-et-Saint-Paul à Rosheim.

Curieux personnage sur le toit de l'église de Rosheim.

et de monstres. La tour de la croisée, haute de 42 m, est un fleuron de l'art roman par son décor. La façade occidentale se caractérise par le contraste entre la nudité des murs et la richesse de la décoration du porche. Une crypte, formée d'une chambre sépulcrale avec vestibule, date de la fin du XIe siècle. Elle est un vestige de la première chapelle.

Epfig

La chapelle Sainte-Marguerite a été construite au XIe siècle, selon un plan très rare. Le chœur et les croisillons du transept sont de plan carré comme le clocher. La galerie-porche du XIIe siècle relie les deux entrées de la chapelle : elle est composée d'arcades qui retombent sur des colonnettes à chapiteaux cubiques. La chapelle est ornée de fresques du XIVe siècle. Au début du XVIe siècle sont mises en place de grandes baies gothiques à réseaux flamboyants.

Andlau

L'église abbatiale Saints-Pierre-et-Paul, construite dans la seconde moitié du XIIe siècle, doit sa célébrité à deux ensembles de sculptures de son massif occidental. Une frise sculptée illustre les exploits légendaires de Théodoric de Ravenne, avec des thèmes épiques ou monstrueux. Le portail d'entrée bénéficie d'une richesse iconographique remarquable qui représente la généalogie des fondateurs et bienfaiteurs. Dans le transept nord s'ouvre l'entrée de la crypte, datée du XIe siècle : on y trouve plusieurs reliquaires, des pietàs en bois et l'ourse emblématique en grès.

Rosheim

L'église Saints-Pierre-et-Paul représente le joyau de l'art roman en Alsace. Elle a été construite entre 1140 et 1190 et se caractérise par un plan basilical, une façade occidentale majestueuse et un décor sculpté d'une très grande richesse, en particulier le bestiaire. Le portail sud est un des plus beaux en Alsace. A l'intérieur de fortes colonnes monolithiques sont surmontées de chapiteaux aux formes et aux décors variés.

Eschau

L'église abbatiale (Bénédictines) Saint-Trophime qui date de la fin du xe siècle est de type ottonien, cas rare en Alsace. Elle a le plan d'une basilique à trois nefs. Le transept est bas et moins large que la nef. Seule l'abside est voûtée. En face de l'église un jardin monastique a été recréé, et l'église continue à être un lieu de pèlerinage.

Obersteigen

L'élégante chapelle romane dédiée à Notre-Dame-de-l'Assomption a été construite vers 1230. On peut déjà déceler les premières influences gothiques. C'est une nef unique à trois travées prolongée par le prieuré des chanoines de Saint-Augustin qui y tenaient un hospice d'accueil pour les voyageurs et pèlerins.

Marmoutier

L'église abbatiale des bénédictins de Marmoutier, qui constituaient une véritable seigneurie, d'où une certaine puissance économique, a été remaniée jusqu'au XVIIIe siècle. La partie romane est constituée par le massif occidental (1150-1160) qui comporte trois tours. Deux encadrent la façade, alors que la troisième, trapue et carrée, occupe l'espace central. On y trouve un superbe porche à trois arcades. Tout le massif est construit avec des blocs de grès jaune et rose. La nef et les bas-côtés (1225-1290) sont voûtés d'ogives. Le transept et le chœur ont été remaniés au XVIIIe siècle. L'église abrite de monumentales stalles et surtout un bel orgue Silbermann.

Neuwiller-les-Saverne

L'abbatiale Saints-Pierre-et-Paul présente plusieurs styles. La partie romane, située à l'est, comprend deux chapelles superposées, dont celle du haut abrite les remarquables tapisseries réalisées au début du XVIe siècle et qui racontent la vie

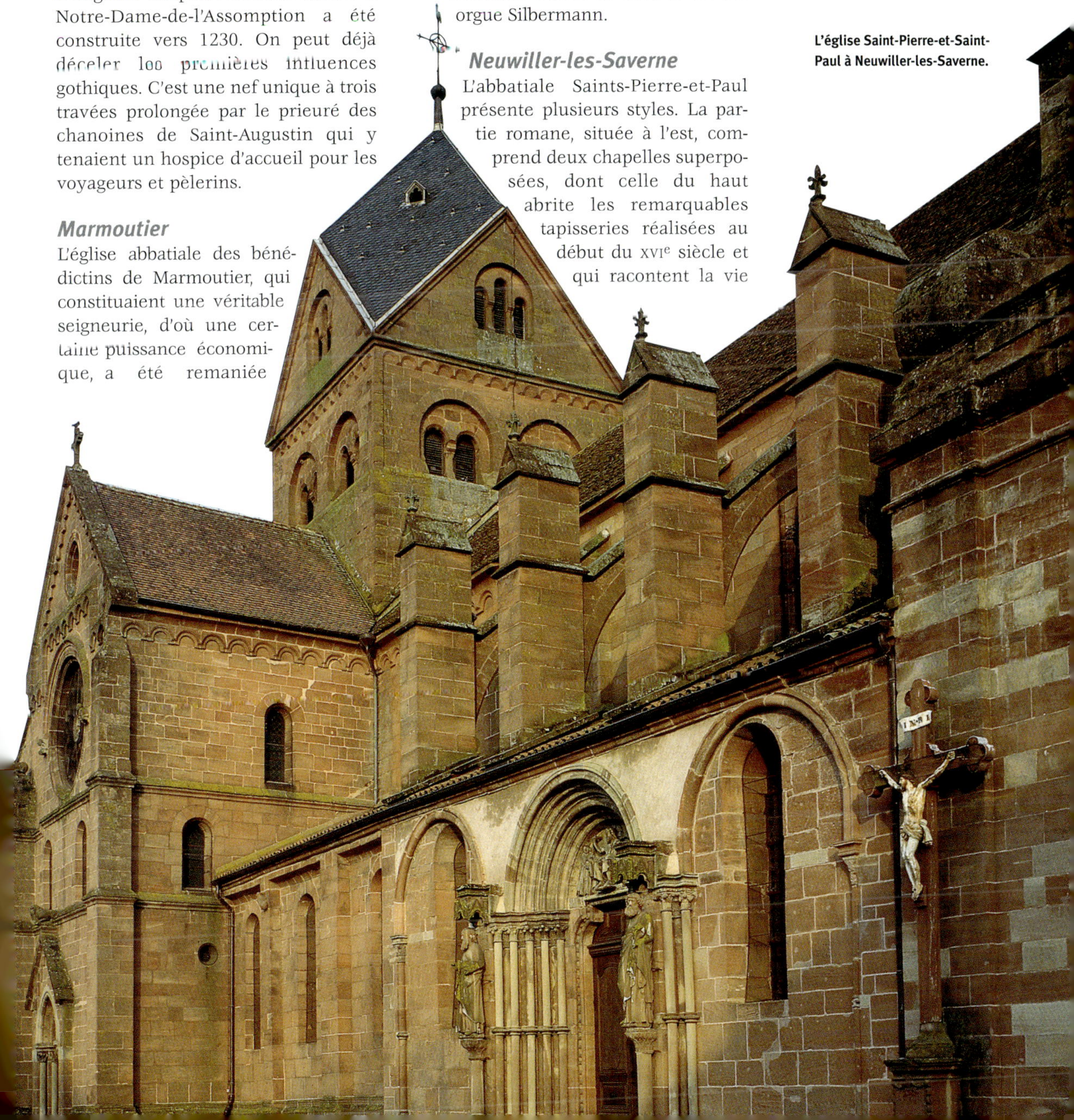

L'église Saint-Pierre-et-Saint-Paul à Neuwiller-les-Saverne.

Le chœur se termine par une élégante absidiole du XIIe siècle. L'église contient une belle fresque (Crucifixion) du XVe siècle.

Wissembourg

Il subsiste du sanctuaire roman la majestueuse tour carrée à six niveaux, qui fait office de clocher-beffroi (XIe siècle). Elle est accolée à l'église gothique Saints-Pierre-et-Paul élevée pour l'essentiel entre 1262 et 1293 qui comprend une haute nef, un large transept et un chœur polygonal flanqué de chapelles. La construction est un mariage réussi entre l'art rhénan et l'art champenois.

Altenstadt

L'église romane Saint-Ulrich a été construite selon le plan basilical ottonien aux XIe et XIIe siècles. Le clocher-porche massif comporte un grand portail sculpté de rinceaux de fleurs, une triple nef à cinq travées, un transept avec trois absides. La voûte du chœur central est ornée de fresques.

Neuwiller-les-Saverne, détail du tympan du XIIe siècle.

A droite
Les ferrures d'origine, XIIe siècle, sur la porte d'entrée de l'église à Saint-Jean-Saverne.

de saint Adelphe et les miracles produits autour de sa tombe. Après 1177 ont été construits le chœur, le transept et la première travée double de la nef. Les travées suivantes datent de l'époque gothique, alors que l'entrée est constituée par un puissant massif néoclassique surmonté d'un clocher carré.

A Neuwiller a été construite également au début du XIIIe siècle l'église, aujourd'hui protestante, de Saint-Adelphe, une église de pèlerinage pour vénérer les reliques de saint Adelphe. Le chœur a été démoli au XIXe siècle. Elle se compose d'une façade avec deux tourelles et un portail à tympan sculpté, d'une nef de cinq travées avec des arcs brisés et d'un transept surmonté d'une tour de croisée carrée avec flèche.

Surbourg

L'abbaye bénédictine transformée en chapitre fait construire vers 1050-1060 une basilique à trois nefs sur le plan de la croix latine. La nef centrale est rythmée par des piliers et colonnes.

Les hauts lieux de l'art gothique

La pénétration de l'art gothique vers 1230 coïncide avec l'essor des villes et l'arrivée des ordres mendiants. Ceux-ci font construire des édifices caractérisés par la sobriété et le renoncement à tout décor coûteux et superflu.

Parmi les églises qui subsistent, on peut citer à Colmar celle des dominicaines d'Unterlinden avec un chœur remarquable, transformée en 1853 en un des musées les plus fréquentés grâce au retable d'Issenheim de Mathias Grunewald, et l'église des dominicains de Guebwiller, qui contient de belles fresques des XIVe et XVe siècles.

Les chantiers des églises paroissiales sont très nombreux avec une centaine vraiment importants vers 1300, époque la plus inventive du gothique alsacien. Avant 1250 les principaux sont ceux de Rouffach et de Saint-Georges de Sélestat avec de belles nefs à collatéraux. Dans la seconde moitié du XIIIe siècle les plus belles réalisations sont le chœur de Saint-Georges de Haguenau, celui de Niederhaslach, la nef harmonieuse et le transept de la collégiale Saint-Martin de Colmar, le chœur et le transept de Saint-Thomas (Strasbourg) et Saint-Pierre-le-Jeune de Strasbourg, église la plus achevée avec un chœur profond à quatre travées et une nef élancée à transept occidental.

La Cathédrale de Strasbourg

Le chef-d'œuvre est la cathédrale de Strasbourg, une des plus belles réalisations de son temps, devenue le symbole de Strasbourg et de la culture de l'Alsace. Elle a été construite entre 1190 et 1439. Les travaux ont débuté avec le chœur et le transept dans une période de transition de l'art roman aux formes gothiques. La nef a été construite entre 1240 et 1275 selon un plan qui porte la marque des ateliers français. Elle donne une impression d'élégance et d'unité qui la classe au premier rang des édifices gothiques. Puis Erwin dit de Steinbach (1284-1318), devenu au XIXe siècle sous la double influence du romantisme et du nationalisme allemand un véritable mythe, a réalisé la façade occidentale avec les trois portails et le dessin de la rose, une des plus accomplies par sa pureté géométrique et par sa sertissure au fond d'un écrin ciselé. Grâce à Erwin Strasbourg est devenue un des foyers créateurs du gothique international. Sa réalisation rapide a été facilitée par la collaboration de l'évêque et de la ville qui gèrent le chantier avec l'Œuvre-Notre-Dame. Au XVe siècle Jean Hultz construit la flèche, achevée en 1439, d'une rare virtuosité, et qui demeure jusqu'au XIXe siècle la flèche la plus haute d'Europe (142 m).

Les sculpteurs suivent les maçons et créent tout un peuple de statues, ainsi qu'un remarquable décor sculpté au tympan du grand portail qui exprime l'association féconde entre l'influence française et le *genius loci*. Parmi les grands chefs-d'œuvre figurent la Synagogue et l'Église, la dormition, le pilier des anges, suivis par le groupe de la Vierge et du Tentateur.

Maison à Sélestat, au fond on voit l'église Saint-Georges.

La collégiale Saint-Martin à Colmar.

Le tympan de Saint-Thiébaut à Thann.

Dans l'ensemble de l'Alsace, le XVe siècle est une des plus brillantes périodes de la créativité dans l'art sacré avec le gothique flamboyant spécifiquement rhénan dans deux autres chantiers majeurs.

Saint-Georges de Sélestat

Les travaux ont duré près de trois siècles (1220-1500). Face à l'église Sainte-Foy, qui appartient au prieuré qui bénéficie longtemps des droits seigneuriaux sur la ville, celle-ci veut affirmer son pouvoir et son prestige à travers une église paroissiale plus majestueuse. Après la nef centrale et un gros massif ouest est construit un chœur rectangulaire de trois travées, vaste et superbe.

La Grande Rose de la cathédrale de Strasbourg.

A l'intérieur, un ange.

La Collégiale de Thann

La collégiale *Saint-Thiébaut de Thann*, sanctuaire d'un important pèlerinage, constitue la plus belle église gothique d'Alsace après la cathédrale. L'architecte Rémy Faesch construit successivement entre 1495 et 1520 la nef, la rose de la façade qui s'inspire des grandes roses flamboyantes d'Ile-de-France et de Normandie, le campanile du pignon, la partie carrée du clocher et une flèche gracile qui constitue un chef-d'œuvre d'une grâce féerique.

Les principaux bâtiments religieux des XVIe-XVIIIe siècles

Le XVIe siècle, malgré la prospérité économique, a été sur le plan de l'architecture religieuse une période d'arrêt : pas de besoins chez les protestants, peu d'intérêt en milieu catholique avant le renouveau suscité par le concile de Trente. Au début du XVIIe siècle l'œuvre marquante est l'église Saint-Georges à Molsheim, première et seule réalisation du style jésuite en Alsace, réalisée par Christophe Wamser de 1615 à 1617. C'est un « impressionnant vaisseau de dix travées, de type encore très gothisant, mais d'ordonnance très aérée, doté de vastes tribunes, d'un chœur et de chapelles décorées de stucs style jésuite ».

En bas
La « cathédrale » de Thann.

A Thann, un petit personnage à lunettes sur les stalles du XVe siècle.

Vitrail dans l'ancienne église des Jésuites à Molsheim

La tombe de l'évêque Jean de Dürbheim dans l'église Saint-Georges à Molsheim.

Après le tragique XVIIe siècle (guerres et chute de la population), le XVIIIe siècle, favorisé par la paix et une certaine prospérité économique, bénéficie d'une prolifération de chantiers d'églises. Une nuée d'architectes venus de France, d'Allemagne et d'Italie multiplie les constructions d'églises, de couvents (en grande partie tombés en ruine après la Révolution) et de chapelles.

Quatre bâtiments présentent un grand intérêt architectural. L'église d'Ebersmunster, construite par Peter Thumb de 1709 à 1727, est la seule grande réalisation de l'art baroque en Alsace. Elle s'inspire de celle de Weingarten avec ses deux clochers à bulbe, sa façade à porche et pignon et son grand vaisseau aux voûtes somptueusement ornées de fresques chatoyantes.

Durant le milieu du siècle la plus belle réalisation est l'église des jésuites Saint-Pierre de Colmar, qui s'inscrit dans la lointaine postérité du Gésù de Rome, avec un gracieux clocheton à bulbe rajouté après 1900, et qu'on a pu qualifier de « la plus française des églises d'Alsace ».

La troisième période (1760-1790) est dominée par la majestueuse église Notre-Dame de Guebwiller construite entre 1765 et 1785 par Gabriel-Ignace Ritter, originaire du Vorarlberg. La façade divisée en ordres dorique et ionique est flanquée de deux tours et rehaussée de huit grandes statues. Le maître-autel est dominé par une très belle représentation de l'Assomption, œuvre de Fidèle Sporrer.

A Rosheim l'église Saint-Etienne, de style néo-classique (1783-1785) est réalisée selon des plans de Salins de Montfort, l'architecte du palais Rohan de Saverne.

En Alsace bossue, une région intégrée seulement à la Révolution à l'Alsace et dont les paysages et l'architecture rurale évoquent la Lorraine, l'architecte Friedrich Stengel a réalisé plusieurs églises protestantes originales, en particulier celle de Harskirchen (1762) : salle rectangulaire ouverte par deux portails majestueux à pilastres, couronnée par un clocheton et présence de belles peintures aux tribunes. Celle de Berg (1770-1771), également une Breitsaalkirche, sans chœur ni transept, comporte un avant-corps central à fronton triangulaire et un clocher avec un bulbe polygonal.

L'église de Berg en Alsace bossue.

Le joyau baroque de l'Alsace : Ebersmunster.

Les châteaux et palais

Les châteaux forts

Le paysage alsacien se caractérise dans le Vignoble et sur le rebord des Vosges par les ruines de châteaux forts. Le nombre des sites, presque tous en ruines, dépasse les cinq cents, soit une densité peu commune qui illustre à la fois l'importance stratégique de la région au Moyen Age et son morcellement politique et seigneurial. La très grande majorité a été construite entre le XIIe et le XIVe siècle, période qui marque l'apogée de la noblesse locale. Il s'agit le plus souvent de nids d'aigle posés sur des rochers où la vie était rude et sans confort, de sorte que très vite (XIVe-XVe siècles) les nobles sont attirés par

Page de gauche
Le Haut-Kœnigsbourg

Un portail du Haut-Kœnigsbourg.

Le Haut-Kœnigsbourg dominant Vosges et plaine.

les villes et quittent les châteaux abandonnés à la garde de chevaliers avec une faible garnison.

La construction s'est faite en deux vagues. La première est liée à la domination de la famille Eguisheim-Dabo, qui domina la région au XIe siècle. Mais lors de la Querelle des Investitures où les Eguisheim prirent le parti du pape, les empereurs saliens chargèrent les Hohenstaufen de contrôler la région, considérée comme un important couloir de circulation. Les Staufen construisirent à partir du début du XIIe siècle une seconde vague de châteaux en choisissant les hauteurs vosgiennes, ce qui augmentait la valeur militaire des ouvrages. Comme les Staufen deviennent empereurs en 1152 ils accentuent le rythme de construction, tandis que les Eguisheim s'effondrent.

Mais après 1230 l'empereur Frédéric II s'investit de plus en plus en Italie, de sorte que c'est le prince-évêque de Strasbourg qui devient l'homme fort. Il confie la garde de ses châteaux à des chevaliers ou Burgmänner.

Avec la montée en puissance des villes, le château fort perd de son intérêt, d'autant plus que les familles nobles, frappées par la crise économique, se voient contraintes de s'associer à plusieurs pour subvenir aux dépenses d'entretien.

Mais ce rythme ouvrit la porte à des personnages peu recommandables, les chevaliers brigands. En l'absence d'une autorité impériale forte aux XIVe et XVe siècles, certains s'emparent de négociants ou de voyageurs aisés qui circulent sur la route reliant Strasbourg à Bâle, entravant ainsi le commerce. Les villes et les princes interviennent périodiquement en assiégeant le château du brigand, une opération difficile et coûteuse.

Dès le xve siècle les grandes familles locales désertent leurs châteaux et érigent des maisons dans les cités, à l'image des Ribeaupierre qui ont fait édifier un château dans Ribeauvillé au xve siècle. Lentement, par manque d'entretien, ces châteaux se délabrent.

Certes au xve siècle quelques grands seigneurs lancèrent des travaux de restauration, avec des défenses qui s'adaptèrent aux progrès de l'artillerie (Morimont, Lichtenberg). Mais il ne s'agit que d'un petit nombre (une vingtaine). La guerre de Trente Ans sonne le glas des forteresses de montagne. Celles qui subsistèrent sont démantelées sur ordre de Louis XIV, sauf un petit nombre qui sont fortifiées par Vauban (Lands-cron, Lichtenberg, La Petite Pierre).

Au xixe siècle les ruines forment un décor romantique redécouvert par le goût pour le Moyen Age, les exploits et l'idéal chevaleresques. La légende les peuple parfois de géants (Nideck) ou de nains ou d'esprits qui garderaient de fabuleux trésors (Château Hans au-dessus du lac Blanc).

Au xxe siècle les ruines deviennent des buts de promenade et de découverte. Des collectivités et des associations s'efforcent de freiner l'érosion des ruines, alors qu'un gros effort financier est entrepris pour la restauration de trois châteaux : Lichtenberg, Hohlandsberg et Morimont.

Pour le lecteur je présente ici treize des châteaux les plus intéressants en suivant l'ordre du sud au nord.

Ribeauvillé et le château Saint-Ulrich sur la colline.

Landskron

Situé dans le Jura, à proximité de la frontière suisse, au milieu d'une crête calcaire à 559 m d'altitude, le château est installé sur un point stratégique important qui contrôle tout le sud de l'Alsace, ce qui explique sa longue durée d'utilisation militaire du XIIIe au XIXe siècle.

Fondé par l'évêque de Bâle, il devient une copossession des Habsbourg et des margraves de Bade. A partir de 1515 l'empereur Maximilien Ier entreprend d'importants travaux. Après l'annexion par la France le château devient un poste clé de la nouvelle frontière. Après la construction de la place de Huningue, son importance militaire décline : il sert désormais de garnison à des compagnies d'invalides et de prison d'Etat. Après une brève résistance en 1814 il est démantelé par les Autrichiens.

Le noyau primitif est formé par le donjon de plan presque carré, juché sur un rocher. Dans l'épaisseur de la maçonnerie ne sont aménagées que deux pièces voûtées superposées. Au début du XVIe siècle sont construits deux logis, une basse-cour entourée d'une courtine à trois tours rondes et cinq tours d'artillerie. Vauban a renforcé les ouvrages utilisables par une carapace de briques et de pierres, et aménagé de nouveaux ouvrages avancés à l'extérieur, dont deux grands bastions rectangulaires.

Ferrette

Ce château compte parmi les plus anciens en Alsace. Il est le fief des Ferrette qui jouent un grand rôle politique. En 1324 la seigneurie passe par mariage à la dynastie des Habsbourg qui le cèdent en 1648 à la France. Louis XIV le cède au cardinal de Mazarin, qui le laisse à son neveu, le duc de Mazarin, dont sont issus par les femmes les Grimaldi, princes de Monaco, qui continuent à s'appeler comtes de Ferrette.

A droite
Le château du Morimont.

Proie des flammes en 1374 et 1635, il ne subsiste sur la partie basse qu'une partie du mur d'enceinte avec trois tours rondes ouvertes à la gorge, la base d'un grand donjon carré et les restes d'une chapelle. Les ruines de la partie supérieure sont constituées par une grande tour d'habitation rectangulaire du XIIIe siècle, pourvue d'une plate-forme de bois, d'où l'on a un beau panorama sur la plaine, et par un bâtiment partiellement taillé dans le rocher.

Le Morimont

Situé, à 532 m, à quelques centaines de mètres de la frontière suisse, en bout d'une crête de calcaire, le Morimont date du début du XIIIe siècle. Il a la particularité — rare — d'être non en grès mais en calcaire. De cette partie ancienne subsistent le donjon construit sur un rocher, la chapelle voûtée d'ogives et une tour d'angle.

Ruine du château de Fleckenstein.

Femme et enfant du Moyen Age au Haut-Kœnigsbourg.

Poêle en carreaux de faïence dans la salle des chevaliers du Haut-Kœnigsbourg.

En-dessous
Détail d'un carreau

La famille, attestée à la fin du XIIe siècle, se met au service des Habsbourg en tant que baillis de Haute-Alsace et obtient le titre de comte. Elle constitue entre 1450 et 1550 une des plus puissantes familles en Alsace. Pierre de Morimont (1410-1475) a administré l'ensemble des Vorlande autrichiens en Alsace de 1452 à 1464 et son fils Gaspard (vers 1440-1517) est un des meilleurs agents du renforcement de la Maison d'Autriche dans l'espace rhénan. Il entreprend d'importants travaux pour en faire à la fois un château d'apparat avec un logis luxueux et une forteresse adaptée aux armes à feu. Il en subsiste la cave voûtée en berceau, aux dimensions uniques de 51 m de long sur 7,50 de large, une grosse tour d'artillerie et un ensemble bastionné formé de cinq portes ou herses avec sept demi-tours cylindriques percées de canonnières. Actuellement la ruine fait l'objet d'importants travaux de consolidation.

Ribeaupierre

La famille des Ribeaupierre a joué un rôle important dans l'histoire de l'Alsace du XVe au XVIIe siècle. Apparue au début du XIe siècle, elle ne joue un rôle important qu'au XVe siècle, quand Guillaume Ier est nommé capitaine général (1476) pour la Haute-Alsace par l'empereur Frédéric III. Au XVIe siècle l'exploitation de riches mines d'argent renforce le poids politique des Ribeaupierre. Guillaume II est proche des deux empereurs Maximilien Ier et Charles Quint et participe à plusieurs de leurs campagnes militaires. Mais en 1673 la dynastie s'éteint.

Elle dispose de trois châteaux qui dominent la ville de Ribeauvillé et offrent un superbe panorama sur la plaine. Le Saint-Ulrich a été construit et remanié du XIIe au XVIe siècle avec une remarquable salle de chevaliers qui dispose de neuf fenêtres à banquettes et un puissant donjon carré. Il a résisté avec succès à un siège de l'empereur Rodolphe de Habsbourg en 1287. Le Guirsberg, sur un piton rocheux, se caractérise par un donjon pentagonal, alors que le Haut-Ribeaupierre a un donjon rond, un mur-bouclier et une citerne voûtée. Durant la seconde moitié du XVe siècle, les sires font construire dans la ville un château à caractère nettement plus résidentiel, qui sert actuellement comme lycée.

Le Haut-Kœnigsbourg

Reconstruit par l'empereur Guillaume II de 1901 à 1908, il est actuellement un des sites les plus visités en Alsace. Il a joué un rôle important du XIIe au XVIIe siècle. Il bénéficie d'un site très favorable sur un sommet plat à 720 m d'altitude, ce qui permet de surveiller facilement la plaine. Il a été l'une des principales forteresses

Le château d'Ortenberg gardant l'entrée de la vallée de Villé.

en Alsace de la dynastie des Hohenstaufen de 1114 à 1250, puis il passe à diverses familles. En 1462 le château, devenu un repaire de brigands, est démantelé par une coalition de princes et de villes. Après 1479 les comtes von Thierstein édifient une nouvelle construction beaucoup plus massive, capable de résister à tous les boulets de l'époque, avec des fortifications sur plusieurs niveaux pouvant abriter une garnison de cent cinquante à deux cents soldats. En 1633 le château est assiégé pendant cinquante jours par les Suédois qui le détruisent. Il tombe alors en ruine.

En 1901 l'empereur Guillaume II le fait reconstruire par un jeune architecte de grand talent, Bodo Ebhardt.

L'intérieur est meublé par de nombreuses pièces, en partie authentiques, et décoré de fresques de Léon Schnug, et contient une collection d'armes à feu, des copies du XVIe siècle.

L'Ortenberg

L'Ortenberg se dresse telle une sentinelle surplombant toute la plaine d'Alsace. Cette imposante ruine de granite blanc du XIIIe siècle comporte un donjon pentagonal de 32 m. Le logis est orné à l'étage de baies aux beaux encadrements gothiques de grès. Restauré au milieu du XVIe siècle, le château est incendié par les Suédois en 1632. Par son exposition qui le protège des vents d'ouest, les versants sud et est développent une végétation thermophile unique en Moyenne-Alsace, ce qui en fait un site écologique exceptionnel.

Le Landsberg

Construit peu avant 1200 pour protéger les abbayes de Sainte-Odile et d'Andlau sur un contrefort granitique à 580 m d'altitude, il en subsiste un magnifique ensemble roman, le donjon carré avec ses courtines nord et est et un oriel, et le chœur de la chapelle castrale. Au début du XVe siècle, l'électeur palatin achète le château et le remanie profondément pour en faire une forteresse adaptée aux armes à feu. Le site est militairement abandonné après le XVIe siècle, ne servant plus que d'exploitation agricole. La famille de Landsberg qui le récupère alors préfère désormais résider au château de Niedernai.

Le Nideck

Il s'agit de deux châteaux distincts à flanc de montagne, dont la première mention date de 1264. Au XVe siècle le

Canon au Grand Bastion du Haut-Kœnigsbourg.

Le château de la Petite-Pierre.

château est assiégé à plusieurs reprises, avant d'être définitivement ruiné par un grand incendie en 1636. Le château du haut semble dater du début du XIVe siècle. C'est un ouvrage massif, avec un mur bouclier à l'attaque et un donjon polygonal avec des murs très épais. Le château du bas, du milieu du XIIIe siècle, ne conserve qu'un donjon carré élevé qui protège un logis exigu.

Le Nideck tient une grande place dans la culture orale alsacienne, en raison de la légende de la fille des géants du Nideck. Celle-ci, célébrée par le poète romantique Adelbert von Chamisso, est ainsi entrée dans le trésor de la littérature allemande.

Le Haut-Barr

Juché sur un promontoire rocheux à 470 m d'altitude, le château domine la plaine d'Alsace et la vallée de la Zorn, offrant une vue superbe sur l'Alsace. Cité pour la première fois en 1123, il est la propriété des évêques de Strasbourg jusqu'à la Révolution. A la fin du XVIe siècle il est restauré par l'évêque Jean de Manderscheidt qui en fait une résidence épiscopale et une citadelle adaptée à l'évolution des techniques militaires. Après la guerre de Trente Ans la forteresse est démantelée en 1650 par les troupes françaises. De ce château, qui occupe trois énormes masses rocheuses, subsistent des vestiges romans du palais et de la chapelle romane à chœur gothique et une partie des travaux de la fin du XVIe siècle, dont le grand portail d'entrée, la tour-logis et un bastion.

Les châteaux de Nideck dans les Vosges du Nord.

La Petite-Pierre

Cité en 1205, le château connaît une histoire assez mouvementée avec plusieurs sièges aux XIVe et XVe siècles. Devenu la propriété d'une branche cadette de la dynastie des électeurs palatins, le château est reconstruit

Le Haut-Barr, d'où on a une vue superbe sur les Vosges et la plaine.

dans la seconde moitié du XVIe siècle par le duc de Veldenz, Jean Ier, surnommé Jerri Hans, nom conservé dans la tradition orale jusqu'au XXe siècle. En 1680 il passe à la France et devient jusqu'en 1870 le siège d'une garnison française. Le changement de fonction entraîne des réaménagements multiples qui ont pratiquement fait table rase du château médiéval. Depuis 1977, il est occupé par les services administratifs du syndicat mixte du Parc régional des Vosges du Nord.

Installé sur un éperon, le château était la citadelle de la ville forte. Les parties les plus anciennes remontent au début du XIIIe siècle, mais seules peuvent être individualisées trois petites fenêtres romanes et quelques assises de pierres. Un long couloir serré entre deux hauts murs percés de meurtrières conduit aux bâtiments d'habitation. Au centre de la cour intérieure se trouve une citerne Renaissance. Une tour abritant un escalier en colimaçon du XVIe siècle est percée de fenêtres obliques déco-

rées au ciseau. Dans la partie est de la cour la poudrière marque l'emplacement de l'ancien donjon pentagonal, arasé en 1852.

Le Lichtenberg

Ce château, une des plus grandes forteresses du Bas-Rhin, attire chaque année des milliers de visiteurs. Il est situé à 414 m sur un plateau gréseux. Construit au début du XIIIe siècle, il est transformé après 1570 en forteresse adaptée aux armes à feu par Daniel Specklin, architecte de la Ville de Strasbourg. Il est le siège de la famille des sires de Lichtenberg, devenus comtes au XVe siècle, puis des Hanau-Lichtenberg, qui constituent une importante principauté avec une centaine de bourgs et villages qui passent en 1545 à la Réforme protestante.

Après 1677 la forteresse est remodelée par Vauban, qui réalise une enceinte bastionnée avancée. Elle subsiste comme siège d'une petite garnison jusqu'en 1870 où elle est détruite après un siège de trois jours.

Ci-dessus
Une citerne du château du Wasigenstein.

Le Fleckenstein, ruine impressionnante.

Aujourd'hui le château fait l'objet d'une importante rénovation en vue de sa réaffectation culturelle.

Le haut château est composé de deux tours rondes avec de petites salles voûtées et des escaliers en vis. Le plateau en contrebas présente quatre entités : le complexe d'entrée formé d'un couloir voûté flanqué de casemates, un groupe de bâtiments avec la salle des chevaliers, ouverte par deux imposants portails de style Renaissance et avec une chapelle en style gothique qui contient un tombeau monumental Renaissance d'une grande richesse de sculpture allégorique et décorative, l'arsenal et enfin des casemates réaménagées aux XVIIIe et XIXe siècles.

Le Wasenbourg

Située sur un promontoire à l'ouest de Niederbronn-les-Bains, c'est une des plus belles ruines du Parc régional des Vosges du Nord, qui a inspiré de nombreux artistes sous la forme de croquis, d'aquarelles et de lithographies. Depuis le XVIIIe siècle elle est perçue dans un contexte romantique qui favorise la naissance de nombreux contes et légendes. Elle a beaucoup impressionné le jeune Goethe en 1771.

Sur cet ancien site gallo-romain (traces d'un temple dédié à Mercure), le château a été construit au début du XIVe siècle. Il a été habité jusqu'au milieu du XVIIe siècle.

La ruine doit une grande partie de sa renommée à la façade est et à ses remarquables fenêtres du premier étage, ainsi qu'au mur bouclier. L'architecture se caractérise par un aspect plus résidentiel que défensif, la qualité des matériaux et l'exécution soignée des fenêtres et des cheminées.

Le Fleckenstein

Ce château, situé sur un promontoire gréseux et construit au XIIe siècle, a

Le Wasigenstein juché sur une roche.

A l'assaut du château du Vieux Windstein.

une histoire mal connue. Il s'est adapté à l'évolution de l'art militaire, ce qui lui a permis de traverser quatre siècles comme centre administratif et siège d'une importante famille seigneuriale qui exerçait son pouvoir sur trente-cinq villages regroupés en six bailliages jusqu'à sa disparition en 1720. Le château a été rasé en 1680.

Les superstructures ont disparu. Il subsiste de nombreuses salles et galeries d'accès taillées dans le rocher, la chapelle castrale à mi-hauteur, un escalier monumental et une partie du palais seigneurial sur trois niveaux.

Les manoirs de plaine

Avec l'apparition des armes à feu, et le goût d'une vie plus brillante dans un environnement plus convivial, les familles nobiliaires ont quitté les châteaux forts pour retourner en plaine ou se fixer en ville.

Au XVIe siècle certaines familles construisent un château en plaine avec une priorité donnée à la fonction résidentielle. Nous présentons ici trois exemples significatifs.

Birkenwald

Le château actuel date de 1562. Il appartient depuis le XVIIIe siècle à la famille des Latouche. Il est formé de deux ailes unifiées par une haute toiture à croupes et flanqué de six tours semi-circulaires. Il se caractérise par la prolixité de la sculpture décorative.

Osthoffen

Le manoir Renaissance est remanié par chaque nouvelle génération de résidents aux XVIIIe et XIXe siècles. L'ancien

Ottrott, château de Rathsamhausen.

dispositif quadrangulaire de la Wasserburg demeure visible dans la dépression partiellement comblée des douves que l'on franchit par un pont. Les deux corps de logis en équerre élèvent chacun leur pignon Renaissance à volutes. Une tour d'escalier polygonale en vis est située à l'intersection des ailes. La grosse tour semi-cylindrique date du XIXe siècle. Autour du château se trouvent des jardins en terrasses d'époque classique, prolongés vers la forêt par un parc à l'anglaise.

Osthouse

Le château, siège de la famille des Zorn de Bulach depuis l'origine, date du XVIe siècle. De forme carrée comme les Wasserburg, dont subsiste le fossé d'eau, avec des angles renforcés de tours rondes polygonales arasées, il comprend deux ailes reliées par une tourelle d'escalier circulaire. Présence de plusieurs monuments funéraires et au milieu de la cour d'un puits à margelle circulaire sculptée d'armoiries.

Le château d'Osthouse, entouré d'eau.

Les palais, hôtels et manoirs de 1700 à 1870

Au XVIIIe siècle on peut distinguer trois catégories de châteaux et de manoirs. D'abord les palais princiers dont voici cinq échantillons.

Le palais Rohan de Strasbourg a été construit par Joseph Massol sur des plans de Robert de Cotte, architecte du roi très réputé en Europe de 1731 à

Fête dans le parc du palais Rohan à Saverne.

1742 pour le cardinal Armand Gaston de Rohan (1704-1749). Il est conçu comme un hôtel parisien entre cour et jardin, avec terrasse sur l'Ill et de monumentales grilles d'accès dues à Nicolas Pertois. Côté place le palais est formé de deux pavillons reliés au grand portail d'honneur. Le rez-de-chaussée du corps principal est formé de deux grands ensembles de lieux de réunion, encadrant deux enfilades d'appartements, de parade sur l'Ill, privés sur la cour, comportant chacun trois pièces principales.

Revenu à la ville en 1899, celle-ci y a installé trois musées : le musée archéologique, celui des Beaux-Arts et celui des Arts décoratifs.

A Saverne l'incendie du palais en 1779 incite le cardinal Louis-René de Rohan-Guéméné à faire construire un nouveau palais par Nicolas Alexandre Salins de Montfort. Il comprend une magnifique colonnade corinthienne dans le style néo-classique côté jardin. Mais la Révolution empêche la réalisation de l'aménagement intérieur. Aujourd'hui la Ville de Saverne y a installé des musées et un relais culturel, l'Espace Rohan. Il est prolongé par un superbe jardin, dont ne subsiste qu'une petite partie.

Le dernier comte de Hanau-Lichtenberg fit construire de 1731 à 1736 l'actuel hôtel de ville de Strasbourg, situé rue Brûlée, par Joseph Massol dans le style Régence. Il comprend en particulier une cour

La façade nord du palais Rohan à Saverne avec ses colonnes corinthiennes.

d'honneur et de grands salons de réception au premier étage.

Dans la même rue l'hôtel du gouverneur militaire a été construit par les frères Gayot, l'un préteur royal, l'autre administrateur des vivres de l'armée, en 1754-1755, selon des plans conçus apparemment par Joseph Massol, de style Régence tardive. En 1771 il est acquis par le duc de Deux-Ponts Maximilien Joseph, seigneur de Ribeaupierre et colonel du régiment d'Alsace, qui y mène un train de vie fastueux. En 1806 il devient roi de Bavière grâce à Napoléon. Son fils le roi Louis Ier est né dans cet hôtel. Depuis près de deux siècles l'hôtel est la résidence du gouverneur militaire de Strasbourg.

L'hôtel du préfet. Il a été construit pour le préteur royal François-Joseph Klinglin entre 1731 et 1736 par Pierre Pflug, un architecte franconien avec un superbe portail d'entrée et un abondant décor sculpté et de fer forgé rue Brûlée.

Le XVIIIe siècle a vu aussi l'édification par des familles nobles d'hôtels en ville ou de manoirs à la campagne.

L'hôtel d'Andlau à Strasbourg, rue de la Nuée-Bleue. En 1731 le maréchal du Bourg et sa femme, Marie-Anne, comtesse d'Andlau, font aménager un monumental escalier d'honneur à rampe ouvragée en ferronnerie et reconstruire la façade principale qui allie une élévation classique à la française à des réminiscences locales. Depuis 1928 il est le siège du Port autonome de Strasbourg.

Le château de Dietrich à Reichshoffen. Il a été construit en 1770-1771 par Jean III (1719-1795), maître de forges récemment anobli, selon un plan de Joseph Massol. C'est un quadrilatère avec corps de logis entre cour et jardin. Il évoque davantage le style Régence de Robert de Cotte que le néo-classicisme. De nos jours il sert de siège administratif aux établissements De Dietrich. Dans l'entrée est conservée une voiture De Dietrich (1903) qui rappelle la brève épopée automobile de l'entreprise. Le château est prolongé par un grand parc.

Certains monastères aisés ont fait construire en ville une résidence au cours du XVIIIe siècle. A Colmar l'abbaye cistercienne de Pairis a fait élever un hôtel de 1778 à 1781, avec une très belle façade. Il abrite aujourd'hui l'hôtel de ville.

A Strasbourg les bénédictins de Marmoutier ont fait construire de 1747 à 1752 un hôtel en grès jaune en style rococo selon les plans de Pierre Pflug et de son fils François-Pierre au n° 4, rue Brûlée.

Après la Révolution certains membres de la nouvelle noblesse impériale ont fait construire un manoir. Ainsi le baron d'Empire Gaëtan Mathieu de Fabvier fait construire, à Kintzheim, après 1807 un manoir qui évoque davantage le style dépouillé du Directoire que l'apparat de l'Empire. Il comprend en particulier côté parc un escalier avec deux sphinx en grès rose. Un vaste parc paysager à l'anglaise intègre dans la vue un château gothique en ruine. Le domaine associe la copie de l'architecture antique à la passion romantique pour le gothique et la nature réaménagée.

L'entrée du palais du Rhin à Strasbourg.

L'hôtel d'Andlau à Strasbourg.

Le palais du Rhin, l'ancien palais impérial.

Le dernier avatar est constitué à l'époque allemande par la construction du palais de l'Empereur (palais du Rhin) sur la place de la République. Il a été construit par Hermann Eggert de 1884 à 1889. C'est un mélange de Renaissance florentine et de baroque monumental berlinois. Son esthétique a été peu appréciée (« cage d'éléphants » selon Guillaume II), au point qu'entre 1945 à 1960 on a envisagé plusieurs fois de le raser. Depuis 1945 il est occupé par les services de la Direction régionale des affaires culturelles et la Commission du Rhin.

Les fortifications modernes

Après la guerre de Trente Ans qui aboutit à la destruction de presque tous les châteaux forts en Alsace, l'Alsace devient une région frontalière qui a connu trois grandes périodes de constructions de fortifications.

Vauban a réalisé dans le cadre de l'Alsace d'aujourd'hui quatre œuvres majeures : Fort-Louis, la citadelle de Strasbourg, Huningue et *Neuf-Brisach*. Seule cette dernière subsiste aujourd'hui.

Après la perte de Brisach en 1697, Louis XIV fait construire une puissante forteresse entre 1699 et 1705 sur la rive gauche du Rhin et qui a été, pour l'essentiel, conservée jusqu'à aujourd'hui. Elle constitue un octogone découpé en quarante-huit carrés, de 600 m de diamètre. L'enceinte est demeurée presque intacte : elle est formée de murs de 5 m de haut avec une épaisseur de 4,5 m à la base. Deux des quatre portes ont été conservées. Parmi les bâtiments intéressants l'hôtel de ville à deux étages (1701), la façade de l'ancien hôtel du gouverneur et l'église Saint-Louis, construite de 1731 à 1746, un bel exemple d'architecture militaire religieuse. Elle contient un beau maître-autel baroque de 1763. La porte de Belfort abrite le musée de la ville qui contient une remarquable maquette de la forteresse au début du XVIIIe siècle, ainsi que de nombreux plans et vues.

Après 1870 les Allemands ont édifié autour de *Strasbourg* de gros ouvrages défensifs, une véritable couronne de quatorze forts installés sur les collines, et dont les noms ont été changés en 1918, en particulier à Reichstett (fort Rapp), Mundolsheim, Hausbergen, Wolfisheim, Lingolsheim, Ostwald et Illkirch. Les enceintes de la ville ont été remaniées par d'énormes travaux, dont il subsiste des courtines et des talus. A l'ouest subsiste le majestueux Kriegstor.

A l'entrée de la vallée de la Bruche, pour barrer la vallée et couvrir Strasbourg, les Allemands ont réalisé à partir de 1893 la feste de *Mutzig* : elle comprend deux forts bétonnés, des batteries en béton avec du canon lourd, des casernes, de profondes galeries et des logements enterrés.

La *ligne Maginot* a été construite entre 1927 et 1939. Il en subsiste d'importants vestiges. Dans l'Outre-Forêt on peut citer le Four-à-Chaux près de Lembach, un fort d'artillerie, un fossé antichar près du col du Pfaffenschlick, le Hochwald, avec une garnison de 1000 hommes, et le Schoenenbourg, un grand ouvrage d'artillerie qui abritait 630 hommes. Le long du Rhin subsistent quelques casemates. Celle de Marckolsheim a été transformée en mémorial de la ligne Maginot en souvenir des combats qui s'y sont déroulés les 15 et 16 juin 1940. Au sud subsistent à travers la Sundgau plusieurs blockhaus, dont le rôle militaire fut à peu près nul.

La ligne Maginot à Lembach.

Porte de Belfort dans l'enceintede Neuf-Brisach.

Les lieux de mémoire

En raison d'un passé fortement marqué par la vie religieuse et les guerres, l'Alsace connaît au moins deux types de lieux de mémoire, les sites religieux et les sites militaires, auxquels il convient d'ajouter la mémoire de la barbarie nazie.

Les sites religieux

Le *mont Sainte-Odile* est le site le plus fréquenté en Alsace avec environ un million de touristes, dont près de 10 % de pèlerins par an. Il est un des grands sites de l'histoire régionale. Favorisé par son emplacement à 762 m d'altitude, d'où l'on jouit du plus beau panorama sur la plaine, il est devenu, à travers sainte Odile (660-720), la patronne de l'Alsace depuis 1804 pour les catholiques, une véritable montagne sacrée. Il a également suscité un double légendaire. La présence du mur

Page de gauche
Le mémorial du Struthof.

L'impressionnant mur païen.

païen, qui constitue une enceinte de 12 km, a favorisé une mythologie celte (les historiens y voient un centre celtique, mais cette théorie commence à être contestée avec la découverte de monnaies romaines du IVe siècle de notre ère), reprise au XIXe siècle dans le cadre du courant nationaliste français. Après 1870 le mont Sainte-Odile symbolise la résistance à l'annexion à l'Allemagne.

Le patrimoine architectural comprend l'église conventuelle construite à diverses époques, le cloître, les bâtiments autour du préau et les peintures murales de Robert Gall.

Marienthal

C'est le plus célèbre pèlerinage marial en Alsace qui a connu un fort développement avec les jésuites aux XVIIe et XVIIIe siècles. Une nouvelle église, élevée au rang de basilique, a été construite en 1863-1866. Elle est à nef unique avec chevet polygonal.

Les Trois Epis

Ce pèlerinage marial, apparu à la fin du XVe siècle, est dirigé aujourd'hui par les Rédemptoristes. A proximité se trouve le monument du Galz, élevé en 1930, un immense Christ bénissant, d'où on a un superbe panorama.

Thierenbach

Au pèlerinage de Notre-Dame-de-Thierenbach se trouve une belle église-halle édifiée par l'architecte du baroque Peter Thumb, avec une remarquable collection d'ex-voto, témoignages de l'art populaire.

Au mont Sainte-Odile, un curieux cadran solaire indiquant l'heure de plusieurs continents.

Waldersbach

En milieu protestant le site le plus chargé d'histoire est le Ban de la Roche à cause du personnage d'Oberlin. La seigneurie passe en 1584 au comte palatin Jean-Georges, duc de Veldenz, qui y introduit la Réforme et en fait un îlot protestant. En 1767 Jean-Frédéric Oberlin y est nommé pasteur. Durant un ministère de cinquante-neuf années il transforme en profondeur la paroisse : il suscite une véritable mutation agricole, la construction de routes, la

Plaque commémorative pour le pasteur Oberlin dans son église.

Le mont Sainte-Odile.

Poêle dans l'église de Fouday où prêchait le pasteur Oberlin.

création d'un artisanat, d'une industrie textile et d'une caisse de secours. Après la Révolution son charisme incite de nombreux protestants strasbourgeois à « oberliner » (passer une journée auprès du pasteur charismatique). Son christianisme social suscite une lignée d'héritiers spirituels. De nombreuses œuvres éducatives à travers le monde portent son nom.

Les sites militaires

Terre de passage, puis pays frontière, l'Alsace a servi très (trop) souvent de champ de bataille. Les principaux sites évoquent les trois guerres entre 1870 et 1945.

Le *Geisberg* est un des grands lieux de mémoire. Cette colline, située au sud de Wissembourg et occupée par une grande ferme de mennonites, a été deux fois le terrain d'une bataille décisive. En décembre 1793 Hoche prend le site d'assaut et chasse les Autrichiens de l'Alsace. En août 1870 c'est à Wissembourg et au Geisberg qu'a lieu la première bataille de la guerre franco-allemande. Après une lutte de six heures les Français, commandés par le général Abel Douay, qui est tué, et qui luttent à un contre trois, doivent se retirer. Ce fait d'armes donne lieu à l'inauguration en 1909 d'un monument commémoratif, une

Guetteur au champ de bataille du Linge.

La crypte du Vieil Armand.

cérémonie qui attire près de 50 000 personnes. En mai 1940 le Geisberg est une des premières cibles allemandes et le château brûle pendant plusieurs jours.en 1909 d'un monument commémoratif, une cérémonie qui attire près de 50 000 personnes. En mai 1940 le Geisberg est une des premières cibles allemandes et le château brûle pendant plusieurs jours.

Frœschwiller

Le 6 août 1870 la bataille de Frœschwiller, après plusieurs heures de durs combats, illustrés par la charge des cuirassiers de la division Bonnemains (dits cuirassiers de Reichshoffen), se termine par la défaite française qui livre toute l'Alsace aux troupes allemandes.

Dans les décennies suivantes ont été mis en place de nombreux monuments commémoratifs, à la fois allemands et français.

Durant la Grande Guerre, le front des Vosges a connu surtout trois grands sites de durs combats, devenus lieux de mémoire.

La *Tête-des-Faux* forme, à 1220 m d'altitude, un remarquable poste d'observation. Le 2 décembre 1914 deux bataillons de chasseurs alpins et un bataillon d'infanterie parviennent à conquérir le sommet et à s'y retrancher. Deux tentatives allemandes échouent et désormais cet observatoire, où a été installé un monument commémoratif des chasseurs alpins, demeure jusqu'en 1918 aux mains des Français. Sur le site subsistent des fortins et des restes de tranchées.

Le Linge

Les Français attaquent, le 20 juillet 1915, en vue de descendre à Munster après dix heures de tir de 100 canons contre la Landwehr bavaroise protégée par la forêt, des positions bétonnées longtemps préparées et camouflées. Le 26 juillet le fortin du sommet est pris après de lourdes pertes sur des pentes à découvert, le « tombeau des chasseurs ». Les Allemands engagent deux contre-offensives, le 4 août, puis le 9 septembre au gaz (ypérite) et aux lance-flammes. La bataille s'arrête

Page de droite en haut
Cimetière du Struthof.

Page de droite en bas
Installation de filtres à air dans la ligne Maginot à Schoenenbourg.

enfin le 16 octobre, après avoir fait près de 15 000 morts de chaque côté. Sur le site ont été mis en place un circuit fléché par les tranchées et les abris ainsi qu'un remarquable musée.

Le *Vieil Armand* ou Hartmannswillerkopf

Il est pris par les Français le 26 décembre 1914, perdu le 20 janvier, repris le 26 mars 1915, où le 15/2 atteint le sommet après une forte concentration d'artillerie lourde (300 canons), reperdu le 25 avril. Les Allemands y mettent en place une formidable organisation défensive : attaques et contre-attaques se succèdent de septembre à décembre 1915. La bataille, qui a fait près de 60 000 morts, ne s'arrête que le 9 janvier 1916 : désormais on s'observe à 20 m.

Le site est classé monument historique et très fréquenté (500 000 visiteurs par an). On y trouve une crypte-ossuaire, un cimetière de 1260 tombes, une terrasse surmontée d'un autel de la Patrie et une croix lumineuse de 22 m. La densité des fortifications est incroyable.

La Seconde Guerre mondiale a connu de nombreuses batailles en Alsace. En 1940 les combats se déroulaient autour des grands forts du nord, où le Schœnenbourg a résisté jusqu'au 1er juillet, et à Marckolsheim : les Allemands traversent le Rhin le 15 juin sur une largeur de 24 km avec 250 canots et 900 pneumatiques. Les combats durent trois jours. Un fortin a été transformé en mémorial.

Lors de la Libération on peut évoquer deux sites dans le Vignoble et trois dans le nord. A Mittelwihr la population civile est évacuée le 13 décembre 1944 et les combats durent du 7 au 25 décembre. Les Allemands ont perdu 2300 hommes dont 600 morts et 400 prisonniers pour la seule journée du 12. Ammerschwihr a été détruite par l'artillerie améri-

Restes des tranchées de la première guerre mondiale.

caine en dix jours. Des quartiers entiers ont été ravagés par le feu. La bourgade martyre a été libérée le 18 décembre par des blindés français.

Dans le nord de l'Alsace trois villages ont particulièrement souffert lors du retour allemand en janvier 1945.

Hatten a subi la plus grosse bataille de chars à avoir eu lieu en Alsace, du 8 au 21 janvier. De nombreuses maisons brûlent le 9, le 10 un bataillon américain est encerclé. Le bilan, après le retrait américain, est de 1500 à 2000 morts allemands, 1000 à 1200 américains et de 104 victimes civiles.

A *Herrlisheim* deux bataillons de chars américains ont été détruits, la population transplantée en pays de Bade. Le village a été sur le front du 9 janvier au 6 février et a perdu quarante victimes civiles. A la Libération le village est entièrement en ruines et l'église incendiée.

A *Wingen/Moder* eurent lieu du 4 au 7 janvier 1945 de durs combats entre Allemands et Américains, dont 250 ont été faits prisonniers durant trois jours.

Goethe à Strasbourg.

En haut
Mémorial Goethe à Sessenheim.

Durant l'occupation nazie, l'Alsace a accueilli sur son sol deux sinistres camps. A Schirmeck a été édifié un camp de « rééducation », dont le nom devient jusqu'à la Libération synonyme de tortures et de sévices pour tous ceux qui manifestent de l'hostilité envers les Allemands. Ils sont soumis à un endoctrinement intensif de six semaines. Parmi les internés figurent en particulier les jeunes gens surpris lors du franchissement de la frontière pour échapper au service militaire et les auteurs de délits politiques (fausses nouvelles, écoute de postes de radio étrangers, chants ou propos en français). Le souvenir en sera perpétué par un mémorial, dont la décision de construction a été prise en 1999.

Le Struthof

Près du Donon a été construit le seul camp d'extermination nazi élevé sur le sol français. De 1942 à 1944, 17 405 prisonniers ont séjourné dans ce camp où la plupart des détenus, venus d'horizons divers : résistants, politiques, de droit-commun, juifs, asociaux, homosexuels ou objecteurs de conscience, sont morts par épuisement lié au manque de nourriture, au travail excessif ou ont été exécutés.

Sur le site, classé, subsistent le crématoire, la prison, les cuisines, un musée et un mémorial ignaugré en 2005.

Deux sites culturels

Enfin, deux sites sont intimement liés à l'histoire culturelle de l'Alsace. *Sessenheim* est entré dans l'histoire littéraire allemande avec l'idylle de

Goethe, étudiant à Strasbourg en 1770-1771, avec Frederike, la fille du pasteur Brion. Elle est connue à travers des pages célèbres de son autobiographie *Dichtung und Wahrheit.*

La mémoire subsiste à travers le mémorial Goethe contenant un petit musée, l'ancienne grange, l'église protestante, l'auberge Au Bœuf (quelques souvenirs de Goethe) et la colline de Frederike, un tumulus reconstitué avec une gloriette au sommet.

Gunsbach est le village où le père d'Albert Schweitzer a exercé son ministère de 1875 à 1925. Le jeune Albert y a passé toute son enfance et sa jeunesse. Il y est resté attaché toute sa vie et venait régulièrement pour s'y ressourcer. Il s'y fait construire une maison, devenue le musée Schweitzer, siège des archives et de sa bibliothèque, qui évoque sa vie et son œuvre. Une statue en grès rose, représentant Albert Schweitzer en plein travail d'écriture, est érigée sur un rocher au-dessus du village.

Albert Schweitzer, né à Kaysersberg en 1875, après son enfance à Gunsbach, fait des études de théologie et de philosophie à l'université de Strasbourg. Ayant débuté une carrière universitaire, il entreprend des études de médecine. En 1913 il part à Lambaréné (Gabon), où il construit un hôpital. Jusqu'à sa mort, en 1965, il revient régulièrement en Europe. En 1952 il obtient le prix Nobel de la paix. Il a été à la fois théologien, philosophe, médecin et organiste, admirateur de Bach. Il a laissé une œuvre considérable, à la fois en français et en allemand. Il se disait à la fois « homme de Gunsbach et citoyen du monde ».

Albert Schweitzer.

Albert Schweitzer à Gunsbach.

GERECHTIG
KEIT

Les trois grandes villes

et leurs richesses touristiques

Colmar a conservé un extraordinaire patrimoine culturel. Elle n'apparaît dans les documents qu'en 823 et devient ville en 1230. Elle se révèle rapidement la plus importante en Haute-Alsace et joue un rôle majeur dans la Décapole. A la fin du xve siècle, la ville compte 7000 habitants et vit essentiellement du vin et du commerce. Elle bénéficie de la présence du peintre Martin Schongauer qui réalise la Vierge au buisson de roses, conservée dans l'église des Dominicains.

Page de gauche
Foi et Justice à la maison Pfister à Colmar.

Colmar, la Petite Venise.

Page de droite
La maison des Têtes de l'époque Renaissance à Colmar.

La Réforme est introduite en 1575, mais seules les catégories sociales aisées et moyennes l'acceptent. En 1632 la ville est occupée par les Suédois, en 1635 elle demande la protection du roi de France. Après 1648 elle affirme sa liberté en faisant frapper de nouveaux thalers dont la devise rappelle qu'elle est ville libre et impériale. En 1673 la ville est occupée par des troupes françaises qui font raser ses défenses. En 1679 elle est juridiquement annexée à la France et perd ses libertés tout en conservant ses institutions municipales. En 1698 Colmar accueille le Conseil Souverain d'Alsace : elle devient la capitale judiciaire de l'Alsace, une fonction conservée jusqu'à aujourd'hui. Dans la foulée s'installent à Colmar une importante colonie francophone, les capucins et les jésuites qui en feront la capitale intellectuelle de la Haute-Alsace. Au XVIIIe siècle débute l'industrie : draps, tanneries et surtout l'entreprise Haussmann, une manufacture d'indiennes qui emploie 1200 personnes à Logelbach (banlieue ouest). En 1773 le poète Théophile Pfeffel, qui domine la vie culturelle locale, fonde une académie militaire. Après la Révolution, Colmar devient la préfecture du Haut-Rhin et le siège de la cour d'appel.

Au XIXe siècle Colmar bénéficie d'un essor industriel, surtout textile. La population passe de 13 000 (1800) à 45 000 habitants (1914). Le sculpteur Auguste Bartholdi réalise plusieurs belles statues (Rapp, Bruat, Schongauer). Au début du XXe siècle l'opposition à l'Allemagne est animée par l'abbé Wetterlé et Hansi (J.J. Waltz), un remarquable dessinateur, qui a popularisé l'image naïve d'une Alsace tricolore et légendaire, foncièrement antiallemande. Après 1945 la ville s'est agrandie de grandes zones industrielles, commerciales et résidentielles. Elle s'est imposée comme la capitale des vins d'Alsace.

Le patrimoine est très riche : collégiale gothique Saint-Martin, maison Pfister (1537), Koifhus (XVe siècle) ou

Mulhouse, hôtel de ville style Renaissance rhénan sur la place de la Réunion. Montaigne, en 1580, le classa de « palais magnifique et tout doré ».

ancienne douane avec la salle de la Décapole, palais de justice (1769-1771), Petite Venise, chœur de l'ancienne église des Chevaliers de Saint-Jean (XIIIe siècle), maison dite des Chevaliers de Saint-Jean (Renaissance italienne), église protestante Saint-Matthieu, gothique, ancien couvent des Dominicains avec de belles verrières, le cloître et les bâtiments conventuels qui abritent la bibliothèque municipale, maison des Têtes (1609).

Mulhouse est la ville industrielle par excellence de l'Alsace avec une épopée remarquable et aujourd'hui des musées industriels. Située dans un lieu longtemps marécageux, Mulhouse devient une cité au XIIIe siècle, ce qui attire plusieurs établissements religieux. Elle adhère à la Décapole en 1354, mais son isolement au milieu de territoires habsbourgeois affaiblit l'alliance et incite la ville à se tourner vers les Suisses. En 1515 elle entre comme ville alliée dans la Confédération helvétique. Elle adhère dès 1529 à la Réforme protestante. La neutralité de la Suisse entre 1618 et 1648 permet à Mulhouse d'échapper aux malheurs qui s'abattent sur le reste de l'Alsace et même de connaître une certaine prospérité grâce aux ventes à toutes les armées de passage. Elle est la seule ville d'Alsace à échapper à l'annexion par Louis XIV.

Trois échantillons d'ameublement. Ribeauvillé, Steiner, 1876. Impressions à la planche de bois sur coton teints en rouge turc. © Musée de l'impression sur étoffes. Mulhouse.

La création d'une manufacture d'impression sur tissu par Jean-Jacques Schmaltzer, Samuel Kœchlin et Jean-Henri Dollfus en 1746 entraîne un véritable démarrage industriel. Pendant la Révolution, Mulhouse est menacée d'asphyxie économique, ce qui la contraint à demander le rattachement à la France en 1798. Le XIXe siècle est une période d'essor industriel, la ville devient un « Manchester alsacien » dans les secteurs du textile (impression sur tissu, cotonnades), de la mécanique (machines textiles, matériel ferroviaire) et de la chimie. Un patronat entreprenant travaille dans le cadre de la Société industrielle (1826) et pratique une des politiques sociales les plus en avance en Europe : cité ouvrière, sociétés de prévoyance, caisses de retraite. La population passe de 6000 habitants (1798) à 65 000 (1870). La ville devient en majorité catholique. Après 1870 le développement économique se ralentit. L'entre-deux-guerres est une période de crise. Les socialistes, installés à la mairie en 1925, pratiquent une politique active d'habitat social. Après 1945 le tissu industriel a connu de grandes mutations avec le déclin du textile et la perte d'emplois industriels, compensée par des emplois de gestion de haut niveau, associés à des emplois de recherche industrielle.

Les profondes mutations du paysage urbain aux XIXe et XXe siècles avec les pertes (démolitions et bombardements en 1944) ont néanmoins permis le maintien d'un important patrimoine. Dans le domaine religieux, on peut évoquer la chapelle Saint-Jean, construite par les chevaliers de Saint-Jean-de-Jérusalem, qui comporte dix-sept fresques et un petit musée lapidaire, l'église Sainte-Marie avec une spacieuse nef unique, un chœur polygonal et un clocher latéral, le temple Saint-Jean (XIXe siècle), l'église protestante Saint-Etienne en néo-gothique (XIXe siècle) qui comporte des stalles Renaissance de 1637 et de magnifiques verrières du XIVe siècle, l'église

Une Bugatti de 1932 au musée de l'Automobile à Mulhouse.

Sainte-Geneviève en néo-gothique, l'église Saint-Fridolin en néo-baroque, l'église luthérienne Saint-Martin de style néo-Renaissance et la synagogue (XIXe siècle).

L'architecture civile comprend l'hôtel de ville (siège du Musée historique), édifié en 1551 dans le style de la Renaissance alsacienne avec des fresques peintes par le Colmarien Christophe Bockstoffer (1552), des personnages allégoriques et bibliques, et la salle du Grand Conseil. La maison Lœwenfels (1764) est un hôtel particulier de style bâlois. Il subsiste quelques vestiges des remparts avec la tour Nessel, la tour du Diable et la tour du Bollwerk. Le nouveau quartier comprend une douzaine d'immeubles de style néo-classique (années 1820). Le Rebberg a été loti au XIXe siècle pour les somptueuses villas d'industriels.

En haut, à gauche
Tissu pour enfants, vers 1920. Impression au rouleau relief sur coton. © Musée de l'impression sur étoffes. Mulhouse.

Mulhouse : le Bollwerk et la Tour de l' Europe

Strasbourg : au pied de la cathédrale, une enseigne avec un bonnet phrygien.

de Vauban après 1681, la surface de la ville ne bouge plus jusqu'en 1870, alors que la population est multipliée par quatre entre 1450 et 1870.

L'économie repose sur un important artisanat (orfèvrerie, armurerie) et un commerce actif du vin, des céréales et des cuirs. La batellerie bénéficie jusqu'en 1681 du monopole entre Strasbourg et Mayence. En 1388 est construit le premier pont sur le Rhin.

La ville se constitue un petit territoire extérieur dont Wasselonne et au XVIe siècle la seigneurie de Barr, devenue la « cave à vin » des bourgeois de la ville.

La tour de l'Europe, construite par François Spœrry, en 1961, est haute de 100 m et comprend trente étages. Le restaurant panoramique au sommet tourne lentement sur son axe. Les trois faces concaves symbolisent la coopération entre les trois Etats qui se rencontrent sur le Rhin.

Strasbourg, la capitale régionale, souvent qualifiée de magnifique *(wunderschön)*, est devenue peu à peu une capitale européenne. En 1988 elle a fêté le bimillénaire de sa fondation. A partir du camp romain fondé vers l'an 12 av. J.-C., naît progressivement une cité dominée par l'évêque jusqu'au XIIIe siècle. En 842 c'est sous ses murs que Louis le Germanique et Charles le Chauve se jurent une assistance mutuelle contre leur frère aîné Lothaire : ce sont les Serments de Strasbourg, premier document en langue romane. Les tensions entre les bourgeois et l'évêque débouchent sur une guerre : en 1262 à la bataille de Hausbergen la milice bat la chevalerie épiscopale. La ville devient peu après une ville libre d'Empire avec une Constitution très complexe qui demeure stable de 1482 à 1789 avec vingt corporations, le Conseil des XIII, le Conseil des XV, quatre stettmeister et un ammeister annuel. Chaque année en janvier la bourgeoisie, réunie sur la place de la cathédrale, prête serment à la Constitution le jour du Schwœrtag. La ville connaît sept agrandissements entre le Xe et le XVe siècle : désormais, hormis la citadelle

De nombreux ordres religieux s'installent dans la ville — on compte vers 1500 quatorze couvents, deux commanderies et quatre chapitres. Grâce à eux la ville devient un des foyers du mysticisme rhénan avec maître Eckart et Tauler. La ville est hérissée de clochers, de couvents et d'églises, dont la cathédrale constitue le fleuron. Grâce à la présence de Gutenberg, Strasbourg devient un grand centre de l'imprimerie entre 1480 et 1560, puis de l'humanisme avec le prédicateur Geiler de Kaysersberg, Sébastien Brant, auteur de *La Nef des fous*, traduite en cinq langues, et Jacques Wimpheling, un pédagogue.

Au XVIe siècle, qui marque le premier apogée de la ville, Strasbourg connaît un véritable âge d'or. Elle devient, avec le réformateur Martin

Le Rohraff

Le Rohraff est l'un des deux automates juchés sous l'orgue de la cathédrale. Il a l'air d'un manant caricatural et rappelle les nombreux personnages grotesques répandus dans les églises au Moyen Age. Le nom signifie singe des tuyaux. Des bouffons vivants lui prêtaient leur voix. C'est surtout lors des fêtes de Pentecôte qu'il hurlait des obscénités et ridiculisait certaines personnes. Sa pratique fut interdite par la Ville à la suite des nombreuses demandes de Geiler de Kaysersberg.

Bucer, un pôle européen de la Réforme protestante à travers la liturgie, les institutions, des étudiants, une correspondance active et l'accueil des réfugiés, dont des huguenots et Calvin. En 1538 le Magistrat, dans lequel figure Jacques Sturm, porte-parole des villes libres à la diète d'Empire, fonde le Gymnase, une école humaniste dirigée par Jean Sturm, transformée en académie (1566), puis en université (1621). Mais après 1550 cette grande période s'achève peu à peu avec une succession de faillites et une nouvelle génération de théologiens qui se rapproche de la Confession d'Augsbourg et qui s'aligne sur l'attitude de repli face aux calvinistes dont le culte est supprimé en 1577.

Au cours du XVIIe siècle Strasbourg parvient à préserver sa neutralité durant la guerre de Trente Ans, mis à part la brève période de l'alliance avec la Suède (1632), ainsi que son autonomie en 1648. Mais l'économie périclite et les finances de la ville sont en difficulté. En 1681, la ville, encerclée par une armée française de 30 000 hommes, se voit contrainte de signer une capitulation. Elle conserve ses institutions, mais elle est désormais soumise à l'autorité d'un prêteur royal. La cathédrale est rendue au culte catholique. Vauban fait construire une citadelle qui surveille la ville et une garnison de 6000 à 8000 hommes est installée sur place.

Au cours du XVIIIe siècle, grâce à une forte immigration, qui permet aux catholiques de devenir majoritaires après 1760, la population double, passant de 25 000 (1681) à 50 000 (1789). L'installation d'une administration française, de familles nobiliaires et le retour de l'évêque et des ordres religieux suscitent de nombreuses constructions de palais (Rohan, gouverneur militaire) et d'hôtels (actuel hôtel du préfet, hôtel de ville, Port autonome) en style Régence ou rococo. Un

I.PILS : Rouget de Lisle chantant la Marseillaise.
© Musée de Strasbourg.

Détail de la façade de la cathédrale de Strasbourg.

L'horloge astronomique

La cathédrale a connu trois horloges successives : la première en 1354, la seconde entre 1570 et 1574 réalisée par les frères Habrecht, puis Schwilgué refait le mouvement entre 1838 et 1842.
Les parties les plus spectaculaires sont les petits personnages allégoriques dans les deux niches supérieures. A 12 h 30 douze apôtres défilent devant le Christ qui les bénit.
A trois reprises le coq bat des ailes et chante trois fois pour évoquer le reniement de saint Pierre.

nouvel artisanat se développe, ferronnerie, faïencerie et porcelaine des Hannong. L'université protestante connaît une période faste, grâce au niveau de son enseignement en médecine, droit et histoire. Elle attire des étudiants de toute l'Europe protestante.

La Révolution entraîne la disparition du Magistrat municipal et de ses installations séculaires. Le premier maire, Philippe-Frédéric de Dietrich, est un partisan de la Révolution avant d'être guillotiné en 1793. C'est dans son salon que Rouget de Lisle fait chanter le 25 avril 1792 l'hymne appelé plus tard *La Marseillaise*. Sous le premier Empire, la ville devient un grand centre commercial qui favorise l'apparition de nouvelles familles de négociants (Humann, Saglio). Entre 1815 et 1870 la ville est modernisée, mais elle demeure essentiellement administrative et commerçante.

Lors de la guerre de 1870 Strasbourg subit un siège de six semaines, la bibliothèque est incendiée et la ville profondément dévastée par les tirs d'artillerie. Après l'annexion, elle devient la capitale du Reichsland, ce qui favorise une remarquable expansion : elle bénéficie de la construction de nouveaux quartiers avec des monuments prestigieux de style wilhelmien, la population double, de 85 000 à 178 000 en 1910, elle connaît de nouvelles fonctions : industrie, banque, commerce rhénan, et une université aux moyens considérables.

Après 1918 les activités commerciales et bancaires se renforcent, alors que l'industrie a tendance à stagner. Lors de la déclaration de guerre en septembre 1939, toute la population est évacuée en Dordogne. Environ les trois quarts reviennent en été 1940 pour subir la dictature nazie. A l'issue d'une charge devenue célèbre de Leclerc, la ville est libérée le 23 novembre 1944, une date qui depuis fait partie de la mémoire strasbourgeoise.

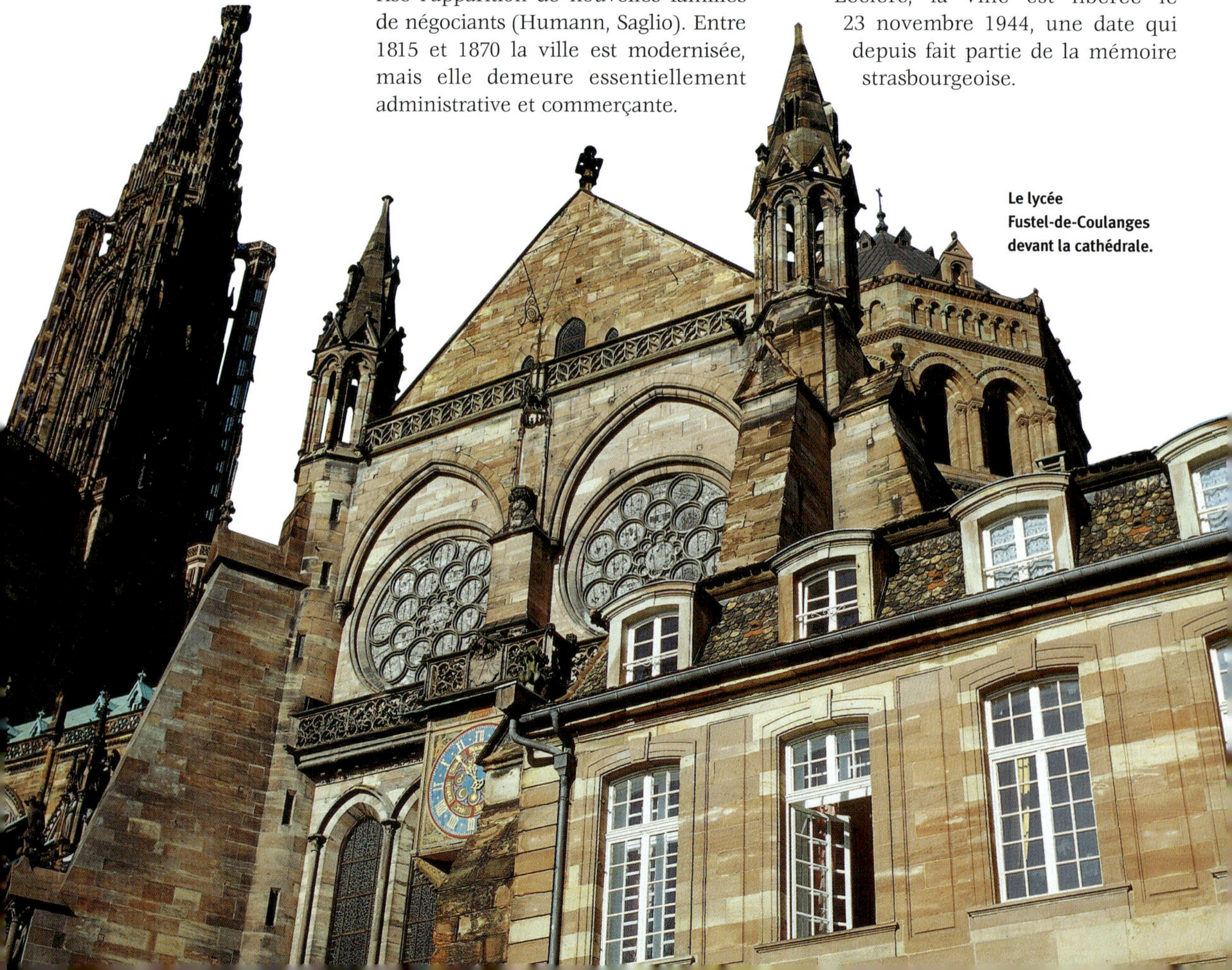

Le lycée Fustel-de-Coulanges devant la cathédrale.

Le palais Rohan à Strasbourg, côté Ill.

Après 1945 Strasbourg devient, avec la construction européenne, une grande métropole économique régionale, favorisée par l'aménagement du Rhin, devenu l'axe le plus dynamique d'Europe, et par l'installation de plusieurs institutions européennes.

La vieille ville

Le patrimoine architectural est considérable. Le joyau en est la cathédrale (page 37). Sur la place du Château se trouve le palais des Rohan, le musée de l'Œuvre-Notre-Dame, l'ancienne école de santé militaire (1864) et le lycée Fustel-de-Coulanges, construit en 1759 comme collège des Jésuites. Sur la place de la Cathédrale se situent la pharmacie du Cerf (xve siècle) et la maison Kammerzell (1589).

Sur la place Gutenberg, la statue de l'inventeur, réalisée par David d'Angers en 1840, rappelle son séjour strasbourgeois de 1434 à 1444. Le Neubau (1583), de style Renaissance, abrite depuis 1803 la chambre de commerce.

L'Ancienne Douane (Kaufhaus), édifiée en 1358, était le cœur du port de Strasbourg. Il a été totalement sinistré en 1944. Le bâtiment, reconstruit, accueille des expositions temporaires et abrite un vaste restaurant. L'église Saint-Thomas, véritable masse de grès rose, comporte le mausolée du maréchal de Saxe par Pigalle, une des plus belles statuaires du XVIIIe siècle en France. L'église conserve un grand nombre de monuments funéraires et surtout des orgues Silbermann, utilisées régulièrement pour des concerts et qui ont été illustrées par Mozart et Schweitzer.

La Petite France est le quartier le mieux conservé du vieux Strasbourg, avec de nombreux bâtiments des XVIe et XVIIe siècles, en particulier le quartier des Tanneurs, la place Benjamin-Zix, la rue des Dentelles et la rue du Bain-aux-Plantes avec de belles maisons à colombages. Les trois tours conservées étaient reliées par des ponts

couverts et protégées en amont par le barrage Vauban : la terrasse panoramique offre une très belle vue. De l'autre côté de l'Ill se trouve l'ancienne commanderie de l'ordre de Saint-Jean-de-Jérusalem. Transformée en prison, elle a été réhabilitée pour abriter l'Ecole nationale d'administration, installée à Strasbourg en 1993.

L'église de Saint-Pierre-le-Vieux date du XIVe siècle. En 1686 le chœur est donné aux catholiques, qui le remplacent en 1869 par une nouvelle église placée en équerre par rapport à la première. La Grand-Rue recèle de nombreuses belles demeures anciennes des XVIe-XIXe siècles.

La place Kléber, auparavant place d'Armes, porte le monument du général, assassiné en 1800 en Egypte, réalisé par Philippe Grass. Elle constitue le cœur de la ville. Sur le côté nord est construite, en style néo-classique, l'Aubette, qui reçut en 1926 un nouveau décor, par Hans et Sophie Arp et Théo Van Dœsburg.

La place Broglie est une belle promenade ombragée qui abrite tous les ans le marché de Noël. Devant le mess des officiers (XVIIIe siècle) sont placés plusieurs canons anciens fondus à Strasbourg. A l'angle du quai se trouve un monument réalisé pour le bimillénaire de la ville : un aqueduc romain avec une tête de Janus. Le théâtre municipal (1821) possède une imposante façade néo-classique. Les autres

L'hôtel des Postes à Strasbourg.

bâtiments intéressants sont l'hôtel du gouverneur militaire construit par les frères Gayot, puis habité par le prince Maximilien-Joseph de Deux-Ponts, devenu roi de Bavière en 1806, et l'hôtel de ville construit entre 1731 et 1736 par le dernier comte de Hanau-Lichtenberg. Sur la place se trouve le monument dédié au maréchal Leclerc et inauguré en 1951.

La rue Brûlée comporte toute une série d'hôtels du XVIIIe siècle, en particulier l'hôtel du Grand-Doyenné qui abrite aujourd'hui le siège de l'archevêché, et l'hôtel du préfet, construit par le prêteur royal François-Joseph de Klinglin.

Au milieu de la place Saint-Etienne s'élève le monument du Meiselocker. Autour de la place se trouvent en particulier l'hôtel des Böcklin von Böcklinsau (1598) qui abrite aujourd'hui le FEC (Foyer de l'étudiant catholique) et le collège Saint-Etienne avec l'église dont la nef a été reconstruite après 1945 dans un style moderne.

Parmi les autres églises, celle de Saint-Guillaume, église des bateliers et aujourd'hui un haut lieu musical avec le Chœur Saint-Guillaume. L'église Saint-Pierre-le-Jeune (protestante) est construite entre le XIe et le XVe siècle. Elle comporte un jubé, de nombreuses chapelles et de belles peintures murales. Les nombreuses statues sur le portail sud ont été rajoutées après 1897. Dans la rue de la Nuée-Bleue se trouvent l'hôtel du maréchal du Bourg (1732), aujourd'hui hôtel de police, et l'ancien hôtel d'Andlau, devenu le siège du Port autonome.

Les quartiers de l'hôpital et de la Krutenau

L'hôpital civil est installé sur son site actuel en 1398. Il disparaît dans un incendie en 1716 pour être reconstruit entre 1717 et 1725, un mélange de Renaissance alsacienne et de style classique français. La très belle cour du Corbeau va être transformée en musée alsacien. Dans la rue de Zurich s'élève la fontaine des Zurichois (1884) qui rappelle leur arrivée en barque à Strasbourg (1576). Ils ont fait le trajet en une seule journée, de sorte que la bouillie de millet chauffée à Zurich était encore chaude...

La bibliothèque universitaire.

Les bâtiments publics du Reichsland

La place de la République a été aménagée comme le centre de la nouvelle capitale du Reichsland. Ont été édifiés le palais impérial (palais du Rhin), un mélange de Renaissance florentine et de baroque berlinois, le *Landesausschuss* (Théâtre national de Strasbourg), siège de la diète régionale, les bâtiments du ministère et la Bibliothèque nationale et universitaire. On peut y ajouter l'hôtel des Postes, le palais universitaire avec le monument de Goethe et les deux églises de la garnison, Saint-Paul (protestante) et Saint-Maurice (catholique).

Nom de rue en français et alsacien.

GEWURZ
TRAMINER
1937
D'ALSACE

La route des vins d'Alsace

Introduit par les Romains, le vin a trouvé sa terre d'élection au pied des Vosges, sur les collines sous-vosgiennes, qui sont devenues grâce à lui au cours du Moyen Age la région la plus riche et la plus peuplée de l'Alsace. Le Vignoble a conservé cette prépondérance jusque vers la fin du XIXe siècle. Il est devenu une région à l'architecture spécifique, avec un cadre de vie original et des coutumes particulières.

L'essentiel des éléments décoratifs des maisons vigneronnes se concentre sur les arcades cintrées des porches d'entrée et de caves, autour des encadrements de fenêtres et sur les poteaux corniers.

L'Alsace est la seule de toutes les régions viticoles françaises à perpétuer la tradition des cépages. Au nombre de sept, ils donnent leurs noms au vin, obligatoirement embouteillé dans la région d'Alsace selon une loi de 1973. Ils sont toujours présentés dans leur bouteille typique, la flûte d'Alsace.

Le riesling est vif, racé et doté d'un fruité délicat. Le sylvaner, d'origine danubienne, est un vin du quotidien, léger et au fruité discret. Le gewurztraminer est connu pour ses caractéristiques aromatiques exceptionnelles aux notes fruitées, florales ou épicées, c'est le vin idéal pour l'apéritif ou les

Page gauche
Vieilles bouteilles dans une cave à Barr.

Ci-contre
Fontaine de Bacchus dans les vignes de Dambach-la-Ville.

Vendanges.

desserts. Le pinot blanc est un vin frais, souple et fruité. Le pinot gris, légèrement moelleux, avec une acidité naturelle, comporte des arômes complexes. Le pinot noir, seul vin vinifié en rosé ou en rouge, actuellement en forte progression, contient un fruité qui évoque la cerise. Le muscat d'Alsace est un vin à la fois sec et aromatique au fruité inimitable.

Depuis 1983 et 1992 l'Alsace s'est donné cinquante grands crus provenant de terroirs strictement délimités dans quarante-sept localités. Sont apparues encore les « vendanges tardives » présentant un niveau élevé de concentration, et les « sélections de grains nobles » (raisins entièrement botrytisés), qui sont le plus souvent moelleux ou liquoreux. Ils représentent à peine 4 % de la production de 1 150 000 hl contre 16 % pour le crémant d'Alsace, un vin élaboré selon la méthode traditionnelle en Champagne, et en forte progression. Près du tiers de la production est exporté.

Le Vignoble a mis en place une route de 170 km inaugurée en 1953 et qui relie la centaine de communes, de Marlenheim à Thann, qui vivent en grande partie du vin et qui présentent un paysage caractéristique composé de vieux remparts, de ruelles fleuries, de winstubs, de caveaux, de maisons, datant parfois des XVe et XVIe siècles, d'églises romanes, de puits de style Renaissance et de beaux restaurants : la culture du vin a favorisé la genèse d'un génie culinaire qui fait de cette route du vin une des régions les plus gourmandes, les plus accueillantes et les plus chaleureuses de France.

Il n'a pas été possible de présenter dans ce cadre la totalité des communes, mais un choix le plus objectif possible.

Marlenheim, porte nord de la Route des vins, est célèbre pour son pinot noir. La bourgade fête tous les ans, le 15 août, le mariage de l'Ami Fritz, d'après le roman d'Erckmann-Chatrian. Elle conserve une chapelle avec chemin de croix du XVIIIe siècle et une statue de sainte Richarde du XIVe siècle. Elle a aménagé un sentier viticole.

Wangen est un petit bourg viticole qui a conservé des murailles du XIIIe siècle, deux tours et des vestiges

La vigne au pied du Haut-Kœnigsbourg.

d'un château octogonal. En 1830 il a été libéré d'une redevance de 300 hl de vin à l'abbaye Saint-Etienne de Strasbourg, seigneur du bourg avant 1789. Ce dégrèvement est célébré chaque année le dimanche suivant le 2 juillet : fête du vin qui s'écoule de la fontaine.

Osthoffen, mentionné dans une charte de Charlemagne en 775, possède une église avec un clocher partiellement roman et surtout un château, toujours habité, de type « wasserburg » du XVIe siècle et remanié du XVIIe au XIXe, avec parc (jardins en terrasses).

Westhoffen. Le bourg conserve un remarquable patrimoine ancien : des vestiges de fortifications médiévales avec tours, des maisons anciennes avec portails et oriels, des vestiges d'un château, des fontaines, une belle synagogue (1865) et l'église Saint-Martin (1250-1330), considérée comme la première église-halle voûtée en Alsace.

Page de gauche en haut
Tonneau à vin sculpté.

Page de gauche en bas
Renaissance à Molsheim.

La Metzig, poêle des bouchers à Molsheim.

Traenheim. Eglise avec tour du XIIe siècle et nef des XVe-XVIe siècles. Plusieurs maisons anciennes et un sarcophage mérovingien.

Balbronn. Eglise et cimetière fortifiés (XIIe siècle) avec réplique de la main de fer articulée du chevalier Hans de Mittelhausen (XVIe siècle).

Avolsheim. Connue pour le Dompeter, église des Xe-XIe siècles, située en plein champ et consacrée par le pape Léon IX en 1049. Il ne subsiste de l'édifice roman, un des plus anciens en Alsace, que les arcades de la nef supportées par des piliers carrés, et la grande tour carrée. Le clocher a été remplacé au XVIIIe siècle par un beffroi octogonal surmonté d'une flèche et l'abside par le chœur polygonal actuel en 1835. La chapelle Saint-Ulrich du Xe siècle, au centre du village, a un plan en croix grecque, évoquant un trèfle à quatre feuilles, avec des peintures murales du XIIe siècle, dont un *Christ Pantocrator*. Source Pétronille censée guérir autrefois de la fièvre, entourée de nombreux vestiges romains.

Molsheim a été longtemps la capitale spirituelle et universitaire du diocèse de Strasbourg. Ville fortifiée par l'évêque au XIIIe siècle, elle devient au lendemain de la Réforme le centre de l'évêché par l'installation du Grand Chapitre, du tribunal (officialité) et de plusieurs ordres religieux : Bénédictins, Chartreux et Capucins et sur-

L'église fortifiée dans les vignes d'Hunawihr.

tout les Jésuites qui y fondent en 1580 un collège, transformé en 1617 en université devenue jusqu'en 1701, année où Louis XIV décide de la transférer à Strasbourg, le centre de diffusion de la spiritualité de la Contre-Réforme, une fonction conservée jusqu'au départ des Jésuites de l'Alsace (1765). Au XIXe siècle, Molsheim bénéficie d'une nette impulsion grâce à l'industrialisation, quincaillerie par la famille Coulaux, puis aventure automobile avec le génie Ettore Bugatti.

La ville a conservé un important patrimoine. Sur le plan municipal, une partie de l'enceinte médiévale avec la tour des Forgerons, la Metzig, ancien poêle des bouchers, en style Renaissance (1554) avec un escalier à double rampe et un oriel à jacquemart, l'hôtel de ville avec ses pignons décorés de volutes, nombreuses maisons Renaissance et un grenier à grains.

La Réforme catholique a suscité de nombreuses constructions : l'église des Jésuites (1617), aujourd'hui église Saint-Georges, construite par l'architecte bavarois Christophe Wamser, une basilique à trois nefs qui associe le gothique et la Renaissance et qui comporte un riche mobilier baroque. L'ancienne chartreuse (XVIIe-XVIIIe siècles) abrite un musée centré sur l'histoire de la ville et la famille Bugatti, ancienne maison des sœurs de Saint-Augustin et plusieurs maisons canoniales.

Mais Molsheim conserve sa tradition vinicole avec le Bruderthal, un grand cru classé et la qualité du riesling et du gewurztraminer.

Mutzig est une ancienne ville fortifiée, propriété des évêques jusqu'à la Révolution. Au XIXe siècle elle abrite la manufacture d'armes des Coulaux qui devient après 1870 une fabrique d'outils, ainsi qu'une brasserie fondée en 1810 qui acquiert une grande notoriété en prenant le nom de la ville comme nom de marque.

Automate grimaçant au beffroi de l'hôtel de ville de Mutzig.

Le patrimoine conservé est assez riche : place de la Fontaine avec une fontaine Renaissance, Porte basse avec des vestiges de l'enceinte médiévale, ancien château des Rohan (XVIIIe siècle) aménagé en musée, hôtel de ville de style Régence construit en 1736 selon les plans de l'architecte Massol avec un beffroi à automate, synagogue de 1760. Au nord, sur une butte, a été construit par les Allemands un imposant fort à partir de 1893 pour barrer le passage de la vallée de la Bruche.

Rosenwiller. Le village comprend une remarquable église du XIIIe siècle avec chœur, vitraux et peintures murales du XIVe siècle. Un peu à l'écart se trouve un important cimetière juif, avec de remarquables pierres tombales, dont les plus vieilles remontent au XVIIIe siècle.

Rosheim, situé sur la route romane (page 34), constitue un site historique de premier plan en Alsace. Elle a conservé un paysage urbain médiéval, témoin de son passé de ville de la Décapole, ainsi qu'un équipement urbain réalisé aux XVIe et XVIIIe siècles.

Hormis le joyau de l'église romane, le patrimoine comprend une maison romane du XIIe siècle, quatre portes, un puits de 1605, l'hôtel de ville (1759) et l'église Saint-Etienne construite de 1783 à 1785 par Salins de Montfort. Rosheim avait durant des siècles une importante communauté juive, illustrée par Joselmann (1478-1554), syndic général des juifs de l'Empire, et la famille Netter au XVIIIe siècle. La synagogue, avec une façade néo-romane, date de 1884.

Bœrsch. Cette bourgade est une des plus pittoresques du Vignoble. Elle a conservé son architecture gothique et Renaissance des XVe-XVIe siècles avec les enceintes, les fossés, trois portes, l'hôtel de ville (1565), le puits à six seaux, l'église Saint-Médard du XVIIIe siècle, avec une tour romane du XIIe siècle. Saint-Léonard, site d'une ancienne abbaye bénédictine, a été entre 1890 et 1914 un haut lieu du mouvement culturel et artistique alsacien avec Charles Spindler, fondateur d'un atelier de marqueterie toujours en activité dans ce très beau site qui offre un magnifique panorama sur la plaine.

Ottrott. Ce village, célèbre pour ses vins rouges (rouge d'Ottrott), abrite sur le ban communal le plus important sanctuaire d'Alsace, le mont Sainte-Odile (page 61). Il est le point de départ du sentier des pèlerins. Il est dominé par les châteaux de

Le puits à six seaux de Boersch.

Ci-dessous, à gauche
Portes de la ville de Rosheim.

Ci-dessous, à droite
Vue sur les vignes enneigées de Barr.

Vieux pressoir à Barr.

Lutzelbourg (XIIe siècle) et de Rathsamhausen (XIIIe siècle). On y trouve aussi la chapelle romane Saint-Nicolas et un remarquable parc botanique, le parc du Foyer-de-Charité.

Obernai constitue un des centres du Vignoble bas-rhinois. Au Moyen Age elle demeure longtemps liée au mont Sainte-Odile avant de devenir une ville libre altière, membre de la Décapole, qui a conservé un important patrimoine, en particulier du XVIe siècle, période de prospérité qui incite à une grande politique d'urbanisme dont subsistent l'hôtel de ville, la halle au blé, un puits à six seaux. Il s'y ajoute des restes des fortifications, le clocher du Kappelturm qui symbolise le paysage urbain, la pittoresque place du Marché, la synagogue de 1876, plusieurs demeures bourgeoises des XVIe-XVIIIe siècles. A proximité, ancien château d'Oberkirch reconstruit en 1846 et le château de la Leonardsau, avec un parc et un musée du cheval et de l'attelage. Sentier viticole avec beau panorama.

Heiligenstein a acquis la célébrité grâce à son prévôt Erhard Wantz qui apporte au XVIIIe siècle d'Italie les plants de traminer, d'où est issu le klevener, cépage très apprécié et particulier au village. Il est immortalisé par un portrait sur le fronton de la mairie du XIXe siècle. On y trouve une fontaine de 1558 avec un sarcophage mérovingien servant d'auge.

Page de droite
Une belle place à Dambach-la-Ville.

Page de droite
Toits typiques pour l'Alsace à Epfig.

Barr, au débouché de la vallée de la Kirneck, a été étroitement associée à la ville de Strasbourg qui a été son principal client pour le vin et qui a favorisé les tanneries (quatre-vingt-deux en 1789). Elle est devenue un des grands centres de la viticulture avec une foire aux vins réputée et un grand centre touristique. Elle comporte un charmant dédale de ruelles avec de nombreuses demeures bourgeoises. L'hôtel de ville (1640) a une belle façade Renaissance. La « Folie Marco », du XVIIIe siècle, est aujourd'hui un musée du mobilier bourgeois alsacien du XVIIe au XIXe siècle avec des objets de la vie quotidienne en faïence, porcelaine et des étains. L'église protestante a une tour partiellement romane et une nef néo-romane.

Mittelbergheim a des rues tortueuses qui sont un véritable musée d'enseignes. Il est classé parmi les cent « plus beaux villages de France ». La place de l'Hôtel-de-Ville est bordée de belles maisons Renaissance.

Andlau, étape de la route romane (page 34) grâce à l'église abbatiale, est une très belle bourgade. La place du Marché est bordée par l'hôtel de ville à pans de bois de 1547 et de grandes demeures cossues du XVIIIe siècle avec au centre une fontaine Renaissance avec une statue de sainte Richarde et de son ours. Le bourg est dominé par les châteaux du Spesbourg et du Haut-Andlau et entouré de trois grands crus, où mûrit un riesling « impérial ». Au sud la route se poursuit à travers de pittoresques villages très fleuris et aux façades très bien entretenues.

Dambach-la-Ville a conservé son enceinte du XIVe siècle et trois portes médiévales. L'hôtel de ville date du XVIe siècle. La bourgade offre un remarquable ensemble de maisons anciennes à colombages. Sur les hauteurs la chapelle Saint-Sébastien abrite un bel autel baroque du XVIIe siècle. A côté se trouve un ossuaire. A l'arrière-plan le château de Bernstein, fondé au XIIe siècle et reconstruit au XIVe. Un sentier viticole permet de parcourir le Grand Cru Frankenstein qui produit des rieslings et des gewurztraminers.

Scherwiller est situé au pied des châteaux forts de l'Ortenberg et du Ramstein. On y trouve de nombreuses maisons à colombages du XVIIIe siècle, un ancien corps de garde avec oriel (1700) et d'anciens lavoirs. De beaux calvaires du XVIIIe siècle se trouvent le long du sentier viticole. Scherwiller a été, le 20 mai 1525, le théâtre de la deuxième bataille livrée par les paysans à l'armée du duc de Lorraine qui a procédé au massacre de plus de 7000 personnes.

Châtenois. Située à l'entrée des vallées de Sainte-Marie-aux-Mines et de Villé, la bourgade a pratiqué une importante arboriculture de châtaigniers — d'où son nom — en même temps que la viticulture.

L'ossuaire de Dambach

En 1525 l'Alsace a été l'un des centres du soulèvement des paysans. Ils ont été écrasés par l'armée du duc de Lorraine lors des deux batailles de Lupstein et de Scherwiller en mai 1525. Peu après les ossements des 7000 paysans tués furent rassemblés dans l'ossuaire de la chapelle Saint-Sébastien située au-dessus de Dambach, où ils demeurent encore de nos jours.

Le pinot noir.

Elle a conservé la double enceinte du château disparu et du cimetière fortifié ainsi que la porte des Sorcières. La mairie date de 1496. Parmi les autres bâtiments intéressants, le Stockbrunnen, le restaurant à l'Aigle avec un oriel gothique (1501), la chapelle de la Sainte-Croix (1709), un ancien pèlerinage local et l'église Saint-Georges (XVIIIe siècle) avec une tour romane surmontée d'un clocher à quatre échauguettes.

Saint-Hippolyte, située au pied du Haut-Kœnigsbourg, est entourée de remparts médiévaux (tour des Cigognes). Elle a été fondée au VIIIe siècle par Fulrad, abbé de Saint-Denis, qui fit don d'un vignoble à son abbaye. Par la suite et jusqu'en 1789 le bourg constitue une enclave lorraine en Alsace. L'église date des XIVe-XVe siècles. Le bourg est célèbre pour son vin rouge (pinot noir).

Bergheim, une des plus jolies villes du Vignoble, est une des seules en Alsace à avoir conservé la majeure partie de ses fortifications du XIVe siècle, en particulier la Porte haute et neuf tours, dont la tour des Sorcières qui rappelle l'importance des procès de sorcellerie entre 1570 et 1630. De nombreuses façades, égayées en été de rosiers grimpants, datent des XVIe et XVIIe siècles. Le patrimoine comprend aussi une église gothique du XIVe siècle en partie transformée au XVIIIe, un hôtel de ville du XVIIIe siècle et une synagogue néo-romane édifiée de 1860 à 1863. On peut se promener dans le vignoble qui produit des rieslings et des gewurztraminers de grande qualité grâce à un sentier viticole.

Ribeauvillé, dominé par les trois châteaux du Girsberg, du Saint-Ulrich et du Haut-Ribeaupierre (XIIe-XIIIe siècles) et entouré par trois grands crus, constitue un des grands lieux de mémoire de l'Alsace centrale et du Vignoble à travers la dynastie des Ribeaupierre, les ménétriers et les sœurs de Ribeauvillé. Le patrimoine urbain est très riche et favorise le tourisme : une partie de l'enceinte fortifiée avec trois tours et une porte, une halle au blé, plusieurs maisons du XVIe siècle, l'hôtel de ville de 1773 avec un musée d'orfèvrerie, la maison des ménétriers et plusieurs fontaines Renaissance. La ville comprend deux belles églises, l'église gothique Saint-Grégoire et l'ancienne église gothique des Augustins devenue celle des

Le Haut-Kœnigsbourg.

Sigolsheim, village vigneron.

sœurs de la Divine Providence. A visiter à proximité le pèlerinage Notre-Dame de Dusenbach et le site des sources Carola, aujourd'hui une grande entreprise.

Hunawihr. L'église et le cimetière fortifié, véritable sentinelle de pierre, sont devenus un véritable symbole du Vignoble par leur emplacement sur un tertre, une illustration reprise dans des dizaines d'alsatiques. Le clocher du XIVe siècle abrite des fresques du XVe. On peut visiter un parc des cigognes et une serre à papillons.

Riquewihr, une des « perles » du Vignoble, est un des sites les plus visités en Alsace. Elle a su conserver un paysage urbain authentique avec ses petites ruelles latérales et ses arrière-cours. Sa grande période de prospérité a été le XVIe siècle. Le patrimoine architectural est un des plus riches et des mieux conservés : tours du Dolder et des Voleurs, ancienne église Notre-Dame (XIVe siècle), ancienne chapelle Saint-Erard. Nombreuses maisons avec oriel, pignons à pans de bois sculptés et cours intérieures. Présence de trois musées : musée d'Histoire des PTT et des Diligences, dans le château des ducs de Wurtemberg, Musée historique dans le Dolder, haut de 25 m, et musée Hansi. Sentier viticole des grands crus.

Sigolsheim. Le village, qui a été presque totalement détruit en décembre 1944, a bénéficié de la réussite de la reconstruction. L'église romane Saint-Pierre-et-Saint-Paul (XIIe siècle) a

Ammerschwihr, vu du ciel.

La confrérie St Etienne.
(D.R.)

Le musée de Kientzheim

En 1973 la confrérie Saint-Etienne, fondée en 1947 pour assurer la promotion des vins d'Alsace, acquiert le château de Kientzheim, construit par Lazare de Schwendi au XVIe siècle.
Elle y a installé une remarquable œnothèque et un musée du Vignoble sur trois niveaux centré sur l'évolution des techniques viticoles au cours des siècles.

A droite
Le château de Kaysersberg.

Page de droite
Madonne sur le pont fortifié de Kaysersberg.

Enseigne à Eguisheim pour ouvrir l'appétit.

un remarquable portail sculpté. Chapelle Sainte-Anne (XVIe siècle) près du cimetière. Sur le Blutberg se trouve la nécropole nationale de la 1re armée française et qui offre une très belle vue sur la plaine.

Kientzheim a été illustré par Lazare de Schwendi dont le tombeau dans l'église Notre-Dame est un des plus beaux de l'art funéraire en Alsace au XVIe siècle. L'église a une tour-chœur gothique du XVe siècle et une nef de 1722 avec autel et tableaux du XVIIIe siècle. La chapelle Saint-Félix-et-Régula, reconstruite à l'identique, possède de nombreux ex-voto et de belles sculptures. Une partie des remparts est conservée avec le masque grotesque du Lalli qui tire la langue aux arrivants à la Porte basse. L'ancien château de Schwendi est aujourd'hui le siège de la Confrérie Saint-Etienne et du musée du Vignoble et des Vins d'Alsace : une œnothèque impressionnante. Quelques belles maisons Renaissance.

Kaysersberg. Cette cité de la Décapole a su conserver son cachet médiéval et Renaissance. Elle a vu naître trois grandes figures : Jean Geiler, prédicateur à la cathédrale de 1478 à 1510, Matthieu Zell, le premier réformateur de Strasbourg, et Albert Schweitzer, prix Nobel de la paix en 1952. Patrimoine remarquable : tours de l'ancienne enceinte, hôtel de ville Renaissance (1604-1605), pont fortifié de 1514, nombreuses maisons Renaissance, église Sainte-Croix, d'origine romane, qui a connu de nombreux remaniements, église gothique franciscaine, maison natale de Schweitzer où se tient en permanence une exposition sur son œuvre à Lambaréné au Gabon. Le château, dont il subsiste la tour ronde du donjon, offre une belle vue sur la vallée de la Weiss.

Ammerschwihr a beaucoup souffert des combats en décembre 1944. Il subsiste toutefois la Porte haute, les tours des Bourgeois et des Voleurs, la fontaine de l'Homme sauvage (1560), la façade de l'ancien hôtel de ville et l'église Saint-Martin. Célèbre lieu-dit Kaefferkopf.

Turckheim, ville libre membre de la Décapole, a conservé en partie son enceinte médiévale et ses trois portes : de France, de Munster et du Brand, un grand cru de 57 ha, ainsi qu'un important patrimoine : hôtel de ville de style Renaissance tardive, hôtel des Deux Clefs, fontaine du XVIIIe siècle. L'église Sainte-Anne a été en partie reconstruite au XIXe siècle.

Vierge ouvrante à l'église d'Eguisheim.

Tournée du veilleur de nuit en été à 22 h. Sentier viticole dans le Brand avec un beau panorama.

Eguisheim est une cité médiévale construite en trois cercles concentriques autour du château octogonal roman, lieu de naissance du pape Léon IX (1049-1054). Nombreuses maisons anciennes à colombages, balcons, oriels et pignons pointus, fontaines et cours dîmières, ainsi que des escaliers Renaissance, des clés d'arcades, des linteaux ciselés et des galeries sculptées. De l'ancienne basilique de la fin du XIe siècle ne subsiste que le clocher avec le portail du XIIIe siècle. La cave coopérative Wolfberger contrôle le dixième du vin d'Alsace. A proximité on peut visiter les trois châteaux d'Eguisheim édifiés par les comtes entre le XIe et le XIIIe siècle.

Hattstatt possède la belle église Sainte-Colombe avec un clocher-porche roman, une nef passant du roman au gothique et un chœur gothique avec des fresques et des sculptures sur bois. Mairie en gothique tardif (1554) et maisons anciennes.

Guéberschwihr, situé au fond d'un vallon, se caractérise par son clocher roman percé sur trois niveaux de fenêtres romanes (XIIe siècle) et considéré comme un des plus beaux en Alsace. Le village a conservé son patrimoine historique : quatre fontaines, maisons des XVIIe et XVIIIe siècles. Sur la place de l'Eglise, reconstruite en style néo-roman entre 1875 et 1878, plantée de tilleuls et de marronniers, subsistent un pont de pierre et un lavoir aux chevaux. Le terroir produit des gewurztraminers et des muscats d'excellente réputation. A proximité couvent Saint-Marc des sœurs de Saint-Joseph.

Rouffach. Cette bourgade fut une possession des princes-évêques de Strasbourg, ce qui explique l'importance de l'église Notre-Dame-de-l'Assomption, construite entre le XIe et le XVIe siècle. Sa façade occidentale du XIVe siècle, avec sa rosace et sa loggia, rappelle celle de la cathédrale de Strasbourg. Le chœur conserve de beaux escaliers. L'église abrite la statue d'une Vierge gothique surmontée d'un dais. Le patrimoine ancien demeure très riche : partie des fortifications avec la tour des Sorcières, nombreux bâtiments de la Renaissance avec parfois de beaux oriels. Eglise des Récollets du XIIIe siècle. La halle au blé (1514) abrite le Musée historique. Le château d'Isenburg, devenu château-hôtel, situé au milieu des vignes, rappelle l'ancienne résidence royale d'Austrasie. Rouffach a vu naître le maréchal Lefebvre — dont le souvenir est perpétué par une statue —, pair de France et duc de Dantzig. Sa femme, Madame Sans-Gêne, a également acquis une grande notoriété. La tradition viticole ancienne explique la fondation au XIXe siècle d'une école de viticulture, toujours en activité.

Le pape Léon IX dans sa ville natale d'Eguisheim.

La tour des sorcières et de belles maisons à Rouffach.

Cuves à vin.

Westhalten. Ce joli village a conservé un puits du XVIe siècle, une fontaine du XVIIIe siècle et plusieurs belles maisons. On peut parcourir le vignoble du Strangenberg par un sentier viticole et botanique (flore méditerranéenne).

Soultzmatt. Ce village doit sa notoriété en particulier à la source d'eau minérale Nessel, aujourd'hui captée et embouteillée. L'église Saint-Sébastien a un clocher roman, une nef en partie gothique et un chœur du XVIIIe siècle. Dans le village plusieurs belles demeures et une fontaine de la Vierge de 1663. Le château du Wagenbourg a été construit par les Stœr à la fin du XVe siècle. A proximité un cimetière roumain à la Gauchmatt et la chapelle gothique de pèlerinage du Val du Pâtre avec de belles peintures de Robert Gall. Célèbre vignoble du Zinnkœpfle. La région bénéficie d'un microclimat qui permet la culture des amandiers, des citronniers et des orangers.

Guebwiller, ville d'abord religieuse, puis industrielle (pages 30 et 41), a une solide tradition viticole. C'est le seul ban communal en Alsace avec quatre grands crus dont le Kitterlé, plantés sur des pentes raides. Le domaine Schlumberger (140 ha), le plus grand d'un seul tenant en Alsace, sur les pentes du Kitterlé, constitue un « véritable écomusée ».

Soultz. Ce chef-lieu de canton, jadis fortifié, a conservé plusieurs monuments : commanderie des Johannites, aujourd'hui musée du Jouet, château des d'Anthès, dynastie d'industriels et de politiques aux XVIIIe-XIXe siècles, château du Bucheneck dont ne subsiste que la tour (XIVe-XVIe siècle) transformée en musée historique, hôtel de ville, grandes demeures Renaissance, ancienne synagogue, église gothique Saint-Maurice avec de nombreux monuments funéraires. A proximité cimetière juif de Jungholtz et église baroque du pèlerinage de Thierenbach avec de nombreux ex-voto.

Thann, situé à l'entrée de la vallée de la Thur, était d'abord un important sanctuaire, un grand pèlerinage, ce qui explique la richesse artistique de la collégiale Saint-Thiébaut (page 39). Au XIXe siècle la ville est transformée par l'aventure industrielle, moins le textile que la chimie avec la famille Kestner. De 1914 à 1918 Thann a été la capitale de l'Alsace française, ce qui lui valut de nombreux visiteurs illustres, dirigeants politiques, dont Raymond Poincaré et Clemenceau, la plupart des grands généraux et des membres de l'Académie française.

Le patrimoine architectural demeure assez riche : outre la collégiale, la halle au blé transformée en musée, l'hôtel de ville, des vestiges des fortifications avec les deux tours des Sorcières et des Cigognes, deux fontaines, la cabane des Bangards, quelques maisons Renaissance et les ruines du château d'Engelbourg.

Thann constitue la porte de la Route des vins d'Alsace, située au pied du grand cru Rangen, un des terroirs les plus célèbres, le seul à être d'origine volcanique. En raison de la forte pente, les vignes sont soutenues par d'innombrables murets. Les cépages cultivés sont le riesling, le gewurztraminer et le tokay-pinot gris.

A la pointe nord de l'Alsace existe un autre vignoble qui fait la transition avec la Weinstrasse du Palatinat : il s'agit, au sud de Wissembourg, des vignobles de Cleebourg, Rott, Oberhoffen, Steinseltz, Riedseltz et Wissembourg.

La tour des sorcières aux rives de la Thur à Thann.

Les autres routes touristiques

La route de la bière

En même temps que le vin, l'Alsace est devenue un haut lieu de la bière, dont les premières traces remontent au IXe siècle. Elle est, comme dans bien des régions européennes, d'abord produite par les moines, à partir du IXe siècle, puis par les villes. Strasbourg devient, dès le XIIIe siècle, le principal centre de production en Alsace. En 1803 on dénombre quatre-vingts brasseries dans la ville. Au XIXe siècle la consommation progresse de manière très rapide : le besoin de grands espaces nécessités par de nouvelles méthodes, plus industrielles, de fabrication, incite les brasseurs à se déplacer vers les banlieues ouest et nord où de basses terrasses permettent de creuser de vastes caves. L'arrivée de

Au pays du houblon.

Page de gauche : **cuve de brassage.**

Plantation d'une nouvelle houblonnière.

Vitrail dans une brasserie.

En haut, à droite
L'ancienne brasserie de Mutzig.

Ci-dessous et à droite
Brasserie Schutzenberger.

milliers d'Allemands après 1871 entraîne une nouvelle poussée de la production, une diversification des sites à travers l'Alsace et des regroupements. Aujourd'hui l'Alsace ne compte plus que cinq brasseries, quatre intégrées à des entreprises multinationales et une seule demeure indépendante, Meteor à Hochfelden. Elles fabriquent 56 % de la production française de bière.

L'importance de ce patrimoine a incité les brasseurs à créer une route de la bière qui allie visite de brasserie, atelier de dégustation, exposition et gastronomie.

Actuellement trois circuits principaux sont proposés. Celui de Strasbourg passe par la rue des Veaux avec la microbrasserie Les 3 Brasseurs, site qui est le berceau de Heineken, par Au Canon, place du Corbeau, où fut fondée la brasserie Hatt, devenue depuis Kronenbourg, en 1664, l'impasse de la Brasserie (premier brasseur recensé en 1259). Le parcours s'achève par la visite des brasseries Kronenbourg.

Le circuit de Schiltigheim, ville devenue cité des brasseurs, qui organise à la mi-août une fête de la bière qui attire un vaste public, flâne dans les rues du vieux Schillick, à la rencontre du paysage industriel ancien (Maison des sociétés). Il passe par deux brasseries.

Le troisième circuit passe par Hochfelden avec la visite de la brasserie Meteor (fondée en 1640) et les villages houblonniers des environs, Hohatzenheim, Mittelhausen et Wingersheim, où l'on peut déguster des spécialités préparées à la fleur de bière, dont le pain à la bière et les « houblonnettes », des brioches en forme de cônes de houblon. Ce circuit peut s'organiser en calèche avec la visite d'une exploitation.

Actuellement se développent des microbrasseries et des brasseries artisanales, en particulier à Lutterbach, Riquewihr, Scharrachbergheim et Strasbourg (La Lanterne et Les 3 Brasseurs). La capitale du houblon est depuis plus d'un siècle Haguenau pour la commercialisation et avec une grande fête du houblon le dernier week-end d'août.

La bière, un produit naturel, se compose de quatre éléments : l'orge, cultivée dans le Ried, l'eau, puisée aux sources cristallines des Vosges, le houblon, cultivé en Alsace depuis 1808, épice de la bière qui lui donne son goût plus ou moins amer, et enfin les levures.

La Route du tabac

La culture du tabac a été introduite en Alsace en 1618 à Bischwiller. Très vite, sous l'influence de négociants strasbourgeois, elle se répand dans le Kochersberg et dans la moitié sud du Bas-Rhin. A la veille de 1789 on compte cinquante manufactures très prospères à Strasbourg. Après l'introduction du monopole par Napoléon Ier (1810), une seule manufacture, d'Etat, est maintenue à Strasbourg, installée en 1849 à la Krutenau, où elle existe toujours et fabrique surtout des cigares.

Le Bas-Rhin demeure un des principaux départements pour la culture du tabac, avec 488 planteurs et 1238 ha en 1999.

Plantation de tabac à Limersheim.

A gauche
Brasserie Schutzenberger.

Ancien hangar à tabac.

Les robes des cigares, fabrication strasbourgeoise.

En haut à droite
Champ de choux.

En 1982 a été mise en place une route du tabac, qui se veut culturelle et non commerciale avec visites de fermes et de la manufacture de Strasbourg. Elle va de Hochfelden à Sélestat en passant par Wœllenheim, Kirchheim, Zellwiller et Ebersheim. Le retour se fait par Diebolsheim, Benfeld, Limersheim, Hindisheim et Vendenheim. Il s'y ajoute un tronçon près de Brumath : Weyersheim, Hœrdt, Ohlungen et Kriegsheim.

La Route de la choucroute

La choucroute est un plat traditionnel de fête, qui fait partie de l'alimentation de base de l'Alsacien et ses recettes sont légion.

Semis de plantes à tabac.

Le chou est cultivé au sud-ouest de Strasbourg, où il constitue la culture dominante d'une dizaine de communes. L'Alsace produit les deux tiers de la production nationale. Une seconde zone se concentre à l'est de Colmar avec Riedwihr, Wickerswihr et Holtzwihr. La fermentation, d'une durée de trois à huit semaines, garantit une conservation d'une bonne année.

La Route de la choucroute passe par Geispolsheim (fête de la choucroute à la mi-septembre), Blaesheim, Krautergersheim, au nom prédestiné (Kraut signifie chou), reconnue comme la capitale du chou à choucroute avec une fête fin septembre, Meistratzheim (fête début septembre) et Niedernai. Lors de la récolte (septembre-octobre) les champs dégagent une odeur caractéristique, provenant des feuilles d'enveloppe et des tro-

gnons qui pourrissent sur place et fertilisent ainsi la terre. Les pyramides blanches formées de centaines de choux sur les remorques forment une véritable œuvre d'art.

Village de Wengelsbach dans les Vosges du Nord.

Les villages

Une particularité des villes et des villages en Alsace est le souci du beau. Les façades des fermes et des maisons sont en général bien entretenues, périodiquement rénovées et les volets bien repeints. En été tous les villages sont fleuris, en particulier avec des géraniums installés aux entrées de la localité, sur les places et placettes et surtout aux fenêtres des façades. Ce fleurissement donne aux villages un caractère pimpant, coquet et pittoresque, qui valorise l'environnement du cadre de vie.

L'image des villages de la plaine est bien typée et elle a été popularisée par les livres de Hansi et la propagande touristique. C'est le plus souvent un petit village de 200 à 600 habitants et un petit finage, d'où des villages rapprochés ; en plaine on aperçoit presque toujours au moins un ou deux clochers.

Parmi les nombreux villages, nous privilégions ici quatre secteurs. Dans

Plat de choucroute.

Produits de la ferme à Hunspach.

l'Outre-Forêt a été réalisé un circuit des villages pittoresques dont voici quelques échantillons : Betschdorf, un ensemble de très belles maisons à pans de bois inscrit à l'Inventaire des sites, Hoffen, un site classé comportant de très belles maisons à colombages, ainsi que Hunspach qui bénéficie d'une grande unité architecturale. Seebach, très fleuri, bénéficie également d'un ensemble architectural homogène, particulièrement des corps de ferme des XVIIIe et XIXe siècles. Schleithal est le village-rue le plus long d'Alsace avec de belles façades et de nombreuses inscriptions.

Le pays de Hanau comporte des villages pittoresques et fleuris et un habitant rural exceptionnellement bien conservé. Les maisons sont soit groupées autour de l'église paroissiale, les plus cossues au centre, celles des artisans et journaliers plus à l'écart, soit disposées le long d'une seule rue (Issenhausen). Les constructions en beau colombage ont pignon sur rue et de majestueux portails en grès souvent sculpté ferment l'entrée de la cour : parmi les villages, les plus intéressants sont Uttwiller, Schillersdorf, Obermodern,

Zutzendorf, Issenhausen et Buswiller.

Dans le Kochersberg, les nombreux villages sont proches les uns des autres avec des fermes cossues datant du XVIIe au XIXe siècle, aux vastes cours fermées par des portails maçonnés et couverts d'un petit toit : les plus beaux sont ceux d'Ittenheim, Furdenheim, Quatzenheim, Kuttolsheim, Lupstein, Duntzenheim, Berstett, Willgottheim et Pfulgriesheim.

Enfin les villages du Vignoble présentent un paysage particulier, avec un caractère plus urbain. Dans l'habitat la pierre est très présente sous la forme de soubassements recevant le pressoir et la cave à vin. Les maisons anciennes se caractérisent par un oriel Renaissance et une profusion ornementale.

Deux villages bien typés : Hunawihr est un des plus pittoresques avec le cimetière fortifié enserrant l'église installée au sommet d'une butte dominant un superbe paysage de vignes. Le village comporte plusieurs maisons à colombages, la mairie, l'ancienne halle au blé, plusieurs puits et fontaines dont la fontaine Sainte-Hune et le lavoir.

L'autre est Guéberschwihr, dominé par un magnifique clocher roman. Il a conservé son aspect médiéval avec de nombreux porches ornés d'armoiries artisanales et des maisons datant des XVIe-XVIIIe siècles avec en général des soubassements en pierre et des étages en colombages.

Fenêtre fleurie dans le Vignoble.

Photos ci-contre et ci-dessous
Ferme de la plaine.

Les Vosges

Il s'agit d'une montagne d'altitude moyenne qui sépare l'Alsace du reste de la France, car elle s'étend de la frontière allemande jusqu'à la trouée de Belfort, pendant longtemps seul passage important, avec le col de Saverne, vers la France dite « de l'intérieur » ou d'outre-Vosges. La ligne de crête a été au sud du Donon jusqu'au XXe siècle une véritable frontière linguistique et culturelle avec la Lorraine. Plusieurs vallées ont d'ailleurs été toujours francophones, en particulier le val d'Orbey, Sainte-Marie-aux-Mines (val d'Argent) et la haute vallée de la Bruche.

Sur le plan géographique, le massif est formé de trois parties. Les Hautes Vosges, entre Belfort et la vallée de la Lièpvrette, apparaissent depuis la plaine comme une véritable muraille, couverte d'une forêt aux essences variées, qui disparaît vers 1250 au profit des Hautes Chaumes, une pelouse

Page de gauche
Les cimes des Vosges vues du Haut-Kœnigsbourg.

Vaches des Vosges.

Concours de schlittage à la fête des bûcherons de Grendelbruch.

d'altitude. La ligne de faîte, d'une altitude comprise entre 1200 et 1360 m, allant du Brézouard au Ballon d'Alsace, forme la limite entre l'Alsace et la Lorraine et de 1871 à 1918 la frontière, encore matérialisée par des bornes-frontières, entre le Reich et la France. Les vallées pénètrent profondément et se terminent par des bouts du monde : ce sont les vallées de la Lièpvrette (Sainte-Marie-aux-Mines), de la Weiss (Lapoutroie), de la Fecht (Munster), de la Lauch (Florival ou Guebwiller), de la Thur (Saint-Amarin) et de la Doller (Masevaux). Les deux plus hauts sommets sont le Grand Ballon (1424 m) et le Hohneck (1362 m).

Les Vosges moyennes entre la Lièpvrette et la Zorn, entre 500 et 900 m, hormis le Champ-du-Feu (1100 m) et le Donon (1009 m), sont recouvertes d'un manteau forestier continu et découpées par deux vallées profondes (Bruche, val de Villé).

Les Vosges du Nord forment des plateaux gréseux boisés entre 300 et 500 m découpés par de nombreuses vallées, aux versants assez raides (Zinsel du Sud et du Nord, Moder, Sauer) et pittoresques, par des rochers, des ruines de châteaux et des étangs.

L'occupation humaine est d'abord le fait des abbayes qui contribuent au défrichement des vallées : Masevaux, Murbach, Munster, Pairis et Niederhaslach. L'époque féodale connaît une floraison de châteaux, dont il subsiste encore une centaine de ruines.

La vie économique se concentre sur l'élevage et l'exploitation du bois (bûcheronnage, scieries), puis sur l'extraction minière : fer, cuivre et argent, ce dernier dans la vallée de la Lièpvrette et les autres, notamment dans les vallées de la Doller et de la Bruche, qui ont donné naissance à de

Hauts-Lieux des Vosges en Alsace

nombreuses forges du XVe au XIXe siècle : dans la vallée de Saint-Amarin, la haute vallée de la Bruche, la manufacture d'armes de Klingenthal (intéressant musée) et la région de Niederbronn (entreprise De Dietrich depuis 1684). Il s'y ajoute la diffusion du textile depuis Mulhouse entre 1762 et 1850 : Wesserling, Guebwiller, entreprise Hartmann à Munster, Sainte-Marie-aux-Mines, val de Villé et vallée de la Bruche, ainsi que les carrières de grès, la verrerie dans les Vosges du Nord qui a disparu du côté alsacien hormis la verrerie Lalique à Wingen-sur-Moder.

Dans les Vosges du Nord, le grès rose marqué par le temps.

En haut, à gauche
Cristal d'Alsace.

Les cimes saupoudrées

Le tourisme a d'abord été pratiqué sous la forme de randonnées pédestres, encouragées par le Club Vosgien, créé en 1872, et qui depuis a tracé et entretenu un extraordinaire réseau de sentiers. Il s'agit de milliers de kilomètres d'itinéraires balisés, dont plusieurs sentiers de grande randonnée qui permettent de traverser tout le massif du nord au sud, soit près de 300 km à pied de Wissembourg à Masevaux, une expérience qui fait de plus en plus d'adeptes. Ces randonnées sont favorisées par des cartes aujourd'hui au 1/25 000 éditées par le Club Vosgien et de guides : le premier a paru en 1881, écrit par Curt Mündel, devenu un ouvrage de référence. Depuis, le Club Vosgien édite périodiquement de nouveaux guides des Vosges.

D'autres formes sont les séjours d'oxygénation dans quelques hôtels de luxe au rayonnement international (Trois-Epis, Schlucht, Hohwald, Niederbronn-les-Bains) et la pratique du ski, en particulier au Markstein.

Une originalité est constituée par les fermes-auberges : à l'origine c'était une marcairie dont la fonction était la fabrication du munster fermier, et qui depuis les années 20 dispose d'une licence pour servir toutes les boissons accompagnant les repas. La politique des chambres d'agriculture consiste à associer la restauration à une activité agricole. Les menus spécifiques sont surtout des spécialités locales (Roïgabradgelti – pommes de terre cuites d'une manière spéciale –, Siasskas, fromage blanc au kirsch, tourte paysanne, tarte aux myrtilles) et des produits de la ferme (fromages, beurre, jambon, viandes et lard fumé) qui sont seuls autorisés. Destinées à l'origine aux randonneurs, les fermes-auberges ont élargi leur clientèle aux automobilistes et pour une partie aux skieurs de randonnée. La plus forte densité se trouve dans la haute vallée de la Fecht et autour du Petit Ballon. Le munster est un fromage à pâte molle et croûte lavée, qui se fabrique en quatre à six semaines.

Parc naturel des Ballons des Vosges

Ce parc, créé en 1989 à l'initiative des Régions Alsace, Lorraine et Franche-Comté, regroupe deux cent trois communes. A cheval sur quatre départements dont le Haut-Rhin, il couvre près de 3000 km². Sa mission est la recherche d'un équilibre entre la préservation du patrimoine naturel et culturel et le développement économique. Il mène de nombreuses actions dans divers domaines : protection de l'environnement, gestion des paysages, maintien de l'agriculture, mise en valeur du patrimoine culturel et promotion du tourisme.

Une spécificité des deux vallées de Munster et de la Weiss est les marcairies, où sont fabriqués en été les fromages de Munster, et qui, étant aussi fermes-auberges, sont en général

Clarines dans une ferme-auberge.

Ski dans le parc des Ballons des Vosges.

Les Alpes vues du Grand Ballon.

Bagenelles. Elle constitue un axe touristique important qui, en été, connaît une grande fréquentation, à la fois pour les paysages, Hautes Chaumes, ballons et lacs, et pour les fermes-auberges.

Les principaux sites traversés sont le col du Silberloch avec un cimetière militaire français et la crypte du Vieil-Armand, le Grand Ballon (1424 m), sommet vosgien le plus élevé avec un monument aux « Diables bleus » (chasseurs alpins), le lac du Ballon, le Markstein, aménagé en un des grands domaines skiables, le Rainkopf, le Hohneck (1362 m), une crête granitique qui est un magnifique observatoire, le col de la Schlucht, grande voie de passage réalisée sous le second Empire et important centre de sports d'hiver. Plus au nord elle domine les lacs, lac Vert, lac du Forlet, lacs Blanc et Noir, avant d'atteindre le col du Calvaire, le col du Bonhomme et le col des Bagenelles.

A droite et ci-dessous

Paysages d'hiver dans le parc des Ballons des Vosges.

situées un peu à l'écart des grandes concentrations touristiques. Depuis 1968 existe une route du fromage autour de la vallée de Munster qui relie les diverses fermes-auberges.

Le tourisme est favorisé par la route des crêtes construite par le génie de l'armée française entre 1915 et 1918 pour acheminer au front le matériel lourd et qui, en raison de la situation du front, est en partie construite sur le côté lorrain. De Masevaux à Thann, Joffre a fait construire une route de 15 km qui désormais porte son nom. Elle passe par le col du Hundsruck à 748 m. La route des crêtes, longue de 73 km, relie Uffholtz au col des

Dans la vallée de la Doller se trouvent Masevaux, ancien chapitre de chanoinesses nobles, avec de belles demeures Renaissance et du XVIIIe siècle, Sewen avec un cimetière fortifié, les deux lacs de Sewen et d'Alfeld, un site superbe et le Ballon d'Alsace (1247 m), un magnifique panorama classé grand site national avec deux monuments, celui des Démineurs, en souvenir des hommes qui ont nettoyé la région des mines posées en 1944-1945, et la stèle à la mémoire de René Pottier, premier vainqueur de la mon-

tagne lors du Tour de France de 1906.

La vallée de la Thur, marquée par une importante industrie au XIXe siècle (textile et métallurgique), comprend Thann (cf. supra), Saint-Amarin avec le musée Serret (souvenirs de la guerre de 1914-1918, de la Résistance et des verreries anciennes), Husseren-Wesserling avec une manufacture d'indiennes au rayonnement européen de 1803 à 1904 dirigée par les familles Gros et Roman, un musée du textile comprenant une superbe collection de costumes anciens, et Kruth-Wildenstein avec un grand lac réalisé entre 1961 et 1964.

Le Florival est connu surtout grâce à trois sites évoqués plus haut : Guebwiller, Murbach et Lautenbach.

La vallée de Munster est la plus belle avec ses paysages de type alpestre. La ville de Munster, à l'origine une abbaye bénédictine, s'est associée avec les neuf communes de la vallée pour former une communauté originale qui perdura jusqu'en 1847. Au XIXe siècle la ville connaît une importante industrialisation, à l'initiative de la dynastie des Hartmann, à la fois industriels, hommes politiques et mécènes. Le patrimoine comprend la place du marché avec une fontaine au lion, l'église protestante, en grès rose, de style néoroman, l'hôtel de ville avec une façade de style Renaissance (1550), et des vestiges de l'ancien palais abbatial. Les autres sites intéressants sont Gunsbach (cf. supra), Luttenbach où séjournèrent Voltaire en 1753 et le baron Pierre de Coubertin avant 1914, Muhlbach avec son musée de la Schlitte, et Soultzbach-les-Bains avec son château et le chœur de l'église (fin XVe siècle). Les villages en amont de Munster ont été en très grande partie détruits entre 1914 et 1918.

Le val d'Orbey, où l'on parle un dialecte welsche ou roman, comporte trois sites intéressants, l'abbaye de Pairis, dont il subsiste l'ancienne hostellerie et un portail de grès rose, le château du Hohnack, démantelé en 1655, et la Tête des Faux, un grand champ de bataille entre 1914 et 1918.

Le val d'Argent. Sainte-Marie-aux-Mines est une ville qui a connu deux épopées : les mines et le textile. C'est aux XVe et XVIe siècles que la vallée connaît un extraordinaire développement minier, qui attire des milliers de mineurs saxons et tyroliens. Il en subsiste des galeries de mines, en partie

L'ancienne abbaye de Pairis dans le Val d'Orbey.

Gravure montrant une forge, musée de Sainte-Marie-aux-Mines.

Village dans le Ban de la Roche, Vosges moyennes.

Banc Napoléon : les femmes allant au marché pouvaient déposer leurs hottes sur la pierre horizontale, plus pratique pour les endosser après le repos.

A la limite de la Lorraine, le sommet du Donon, lieu de culte des Celtes et des Romains.

ouvertes aux touristes, et plusieurs maisons de style Renaissance avec des tourelles élégantes. Le XIXe siècle a connu l'essor du textile, qui lui a valu une renommée mondiale avec les siamoises, les guingans, les cachemires, enfin la laine. Les patrons construisent de très belles maisons de maître et dotent la ville d'équipements urbains de qualité : théâtre, piscine, collège. La Maison du pays comporte trois musées, le musée de Minéralogie, le musée du Textile et le musée de la Mine.

Les Vosges moyennes

Les Vosges moyennes sont constituées par les deux vallées de la Bruche et du Giessen. La première constitue la vallée la plus longue et elle est relativement large. Elle a été un axe privilégié de communication entre la Lorraine et l'Alsace. Au XIXe siècle elle a été profondément transformée par l'industrie textile, alors que l'ancienne activité minière et métallurgique a disparu vers 1850. L'activité forestière demeure très active et le tourisme, ainsi que les résidences secondaires, bénéficie d'un certain essor.

Parmi les sites intéressants figurent les ruines de la forteresse de Guirbaden, qui a sans doute été la plus importante forteresse alsacienne par ses dimensions. Il subsiste un donjon carré et de magnifiques baies romanes. Dans la vallée de la Hasel, à Niederhaslach, se trouve l'ancienne collégiale Saint-Florent, de style gothique rhénan avec des vitraux (XIIIe-XIVe siècles) d'une exceptionnelle beauté.

Schirmeck abrite un château reconstruit comportant un petit musée. A proximité un sentier minier à Grandfontaine, le hameau de Salm, édifié par les mennonites avec une ferme historique de 1785, et couronné par les ruines du château de Salm.

Le Donon (1009 m) fut un des plus importants lieux de culte celtiques, puis gallo-romains de l'est de la Gaule. Sous Napoléon III, un temple néo-hellénistique y a été construit. Le massif a été puissamment fortifié entre 1914 et 1918 et a connu des combats sanglants en août 1914.

La vallée est aussi un important lieu de mémoire avec le Ban de la Roche et les sinistres camps de Schirmeck et du Struthof (page 68) et un mémorial à Schirmeck consacré aux année 1939-1945 et ignauguré en 2005.

Le val de Villé présente à son entrée trois remarquables châteaux, le Bernstein, l'Ortenberg (murs et donjon de granit clair) et le Frankenbourg. L'église de Saint-Gilles, avec un beau panorama et au magnifique plafond couvert des fresques de René Kuder, est restée un lieu de pèlerinage bien fréquenté. Depuis une quinzaine d'années a lieu sur ce site, en juillet, un spectacle historique qui attire une importante foule. La renommée du val est due à la distillation d'alcools blancs, en particulier le kirsch. En bordure le Champ du Feu (1100 m), devenu une station de ski, offre de jolies promenades pédestres et une tour panoramique, tout comme le Climont depuis la tour.

Le Parc naturel régional des Vosges du Nord

Le Parc naturel régional des Vosges du Nord a été créé en 1975 à l'initiative des Régions Alsace et Lorraine. Il est à cheval sur deux départements, le Bas-Rhin et la Moselle, et se poursuit au nord avec le Parc naturel du Palatinat. Les objectifs sont au nombre de qua-

tre : aménager le territoire pour mieux maîtriser l'évolution des paysages ; protéger et mettre en valeur les richesses du patrimoine naturel et culturel (dix-huit musées) ; assurer un développement durable, respectueux de l'environnement et de ces richesses patrimoniales ; enfin informer le public et contribuer à l'éducation des générations futures.

L'économie est basée sur la forêt, mais le bois n'est pas transformé sur place, les carrières de grès, la métallurgie avec De Dietrich, le verre et le cristal (Lalique) et le tourisme : hôtellerie, campings, gîtes ruraux et restaurants, ainsi que des infrastructures d'animation : musées, parcs animaliers, sentiers botaniques, sorties guidées.

Le siège du parc est La Petite-Pierre, ancienne ville fortifiée, qui bénéficie d'un équipement hôtelier réputé et compte deux musées (Sceau et Moules à gâteaux ou Springerle). Le patrimoine comprend l'église Notre-Dame-de-l'Assomption avec des fresques du XVe siècle et surtout le château du XVIe siècle, remanié par Vauban. A proximité, les maisons troglodytiques du Graufthal.

A la limite de la forêt Neuwiller lès Saverne possède un riche patrimoine, la collégiale Saints-Pierre-et-Paul et l'église Saint-Adelphe (page 35), de belles maisons canoniales, le carré napoléonien au cimetière communal et le château de Hunebourg, restauré à partir de 1932 et devenu le lieu de rencontre des autonomistes, puis des nazis jusqu'en 1944.

Dans la haute vallée de la Moder, le château de Lichtenberg, symbole du pays de Hanau, construit au XIIIe siècle et remanié à deux reprises, par Specklin à la fin du XVIe siècle, et par Vauban après 1680, a été en partie détruit en 1870. Il offre un beau panorama et bénéficie actuellement d'importants travaux.

Le piémont entre Ingwiller et Niederbronn-les-Bains constitue un paysage pittoresque marqué par les ouvriers-paysans travaillant chez De Dietrich. Offwiller possède un joli musée sur la vie locale au XIXe siècle et organise chaque année, le dimanche suivant le mardi gras, un spectacle original, le Schieweschlawe (lancer de disques en feu). Oberbronn est un village d'anciens vignerons au riche patrimoine architectural. Niederbronn-les-Bains est depuis le XVIe siècle une station thermale, fonction qui avec le casino fait le cachet de la ville. A proximité se trouvent le Grand Wintersberg, 581 m, point culminant des Vosges du Nord, dominé par une tour de 25 m de haut qui permet de découvrir un très beau panorama, et le hameau du Jaegerthal, ancien site des De Dietrich avec les ruines d'un haut-fourneau en activité de 1685 à 1885 et une chapelle de style néo-gothique de 1851.

Le nord du parc est marqué par la route des châteaux, au nombre de seize, allant de Lembach à Niederbronn. Edifiés entre le XIIe et le XIVe siècle et détruits entre 1674 et 1680, les plus marquants sont le Fleckenstein (page 54), le Hohenbourg, le Wasigenstein, les deux Windstein, le Wasenbourg et le Lutzelhardt. Obersteinbach est un village pittoresque et touristique, abritant une Maison des châteaux forts avec un centre de documentation sur les divers châteaux (architecture, histoire et vie quotidienne).

Maison dans les Vosges du Nord.

Les maisons troglodytes de Graufthal.

CONSEIL DE L'EUROPE

L'Alsace et l'Europe

Le Rhin

Le Rhin, devenu en 1697 une frontière entre la France et l'Allemagne, longe l'Alsace de Bâle à Lauterbourg sur une longueur de 160 km. Il occupe une large place dans le légendaire, en particulier avec le mythe de l'or du Rhin, lié aux anciens orpailleurs disparus depuis 1870. L'or du Rhin continue à faire rêver. Il symbolise le mythe et la légende d'un fleuve, représenté par l'image du Vater Rhein (le père Rhin).

Le paysage rhénan a été profondément modifié durant les deux derniers siècles. Jusqu'au début du XIXe siècle, le Rhin divaguait en de nombreux méandres, bras et faux bras sur plusieurs kilomètres de large, au milieu d'une épaisse forêt.

A partir de 1842 sont entrepris des travaux de correction sous la direction de l'ingénieur badois Tulla. Le Rhin, enserré entre des rives fixes, coule désormais en suivant un tracé régulier. Mais ces travaux ont augmenté la vitesse d'écoulement des eaux, ce qui rend la navigation impossible en amont de Mannheim. Après 1918 est entreprise la régularisation du lit, suivie de la réalisation du canal d'Alsace, sur lequel sont construites quatre centrales hydroélectriques de 1932 à 1959. Pour éviter l'abaissement de la nappe phréatique, quatre autres centrales sont construites de 1961 à 1970 plus au nord sur une dérivation du fleuve. Désormais la navigation est assurée entre Bâle et Strasbourg. De 1974 à 1978 sont réalisés deux barrages internationaux à Gambsheim et à Iffezheim.

Page de gauche
Le Conseil de l'Europe.

Barques typiques sur les bras du Vieux Rhin.

La Cour européenne des Droits de l'Homme.

Le Parlement européen.
© Architecture Studio Europe, **concepteur du Parlement Européen.**

Bateau exposition à Strasbourg. (le Naviscope)

Ces transformations ont profondément modifié le paysage rhénan. La forêt rhénane, une formation végétale unique en Europe, ne subsiste plus qu'à l'état de lambeaux, parfois transformés en réserves naturelles.

Les dix centrales hydrauliques, la centrale nucléaire de Fessenheim (1977) et les ports rhénans constituent un pôle important en matière de tourisme technique sous la forme de visites guidées, d'expositions et d'excursions.

Le Rhin produit actuellement 10 % de la production française d'électricité hydraulique. La navigation joue désormais un rôle économique majeur : automotrices de gros tonnage et convois poussés. Le tourisme fluvial se développe sous la forme de bateaux de croisière. Cinq ports importants ont été aménagés : Mulhouse-Ottmarsheim, Mulhouse-Ile Napoléon, Huningue, Colmar-Neuf-Brisach et surtout le Port autonome de Strasbourg, qui est le deuxième port fluvial français et le cinquième port rhénan avec un trafic de plus de 10 millions de tonnes.

Grâce à ces mutations, la bordure rhénane, longtemps défavorisée et peu peuplée, connaît un développement économique important, mais au détriment de l'ancien cadre de vie en voie de disparition (batellerie, pêche, orpaillage et forêts) au profit de la navigation, de l'industrie et de l'habitat.

Si, grâce à la construction européenne, le Rhin a cessé de symboliser dans l'imaginaire français la frontière « naturelle », par contre le fleuve constitue encore une frontière mentale pour les habitants de l'Alsace : mentalités, cadre de vie, programmes de télévision, peu d'intérêt pour des contacts et l'actualité chez le voisin badois.

Strasbourg et l'Europe

Après la Seconde Guerre mondiale, Strasbourg devient une des capitales de l'Europe. Actuellement, de nombreuses institutions européennes y siègent. Elles ont contribué à la création d'un véritable quartier européen dominé par trois remarquables immeubles. La plus ancienne des institutions est le Conseil de l'Europe. Institué par le traité de Londres le 5 mai 1949, il comprenait à l'origine dix membres. Actuellement le nombre est de quarante six. Le palais de l'Europe, siège permanent du Conseil de l'Europe, construit par Henry Bernard, a été inauguré en 1977. Le nouveau palais des Droits de l'homme, siège de la Commission et de la Cour européenne des Droits de l'homme, construit par

Richard Rogers, a été inauguré en 1995. Le siège du Parlement européen, qui a été un moment le plus important chantier européen, date de 1999. Il a été construit par Architecture Studio Europe.

Les autres institutions européennes sont le Centre européen de la jeunesse, le Congrès permanent des pouvoirs locaux et régionaux, l'Assemblée des régions d'Europe, la Fondation européenne de la science et l'Eurocorps qui regroupe des contingents militaires de cinq Etats sous un commandement unique.

Grâce à ces institutions, Strasbourg accueille de nombreux fonctionnaires européens et bénéficie d'un grand renom ; elle est le symbole de la vocation européenne de l'Alsace. Parmi les promoteurs de ce rôle européen : Pierre Pfimlin, maire de Strasbourg de 1959 à 1983 et président du Parlement européen de 1984 à 1987.

Le Parlement européen. ©Architecture Studio Europe, concepteur du Parlement Européen.

K
852
1519

Guide pratique

Enumération des sites non évoqués dans les chapitres précédents, avec leurs richesses, et des principaux musées

Les autres villes incontournables

Altkirch : capitale du Sundgau, quelques maisons anciennes, un hôtel de ville de style classique et le Musée sundgauvien qui contient tous les éléments du cadre de vie de la paysannerie du Sundgau au XIXe siècle.

Betschdorf : cité des potiers de grès, une dizaine d'ateliers de poterie d'art, belles maisons à colombages et le musée de la Poterie qui renferme une très belle collection de poteries utilitaires des XVIIIe et XIXe siècles.

Bischwiller : importante cité industrielle qui possède dans la Laube, immeuble à colombages, un musée qui retrace les grands moments de l'épopée industrielle et les grands personnages de la vie économique et culturelle de la cité.

Bouxwiller : ancienne capitale des comtes de Hanau-Lichtenberg, cette ville de 3700 habitants a conservé un intéressant patrimoine architectural autour de la place du Château et bénéficie de trois musées : musée de Bouxwiller et du Pays de Hanau (objets de la vie quotidienne), musée des Techniques rurales et Musée judéo-alsacien.

La bibliothèque humaniste à Sélestat.

Haguenau : ancienne capitale de la Décapole, ville du houblon et troisième ville du département du Bas-Rhin, entièrement rasée en 1677, elle conserve quelques beaux immeubles du XVIIIe siècle. Cette sous-préfecture possède deux beaux musées : le Musée historique dans un bâtiment de style néo-Renaissance et le Musée alsacien (imagerie, costumes et mobilier).

Huningue : créée par Vauban comme forteresse, démantelée en 1816, elle est devenue une cité industrielle. Elle a conservé la place d'Armes, l'église de garnison et le bâtiment de l'intendance qui abrite le Musée historique (rétrospective historique sur la forteresse).

Kintzheim : volerie des aigles et montagne des singes.

Bassin potassique. L'essor des mines de potasse entre 1910 et 1960 a permis la création d'une nouvelle région qui a connu la construction d'une quinzaine de cités minières. Avec la cessation de l'activité minière en 2004, le bassin tend à perdre sa cohérence pour devenir une zone résidentielle.

Sélestat : ville de l'humanisme alsacien avec son école latine du XVe siècle et Beatus Rhenanus, dont la bibliothè-

Une entrée à la vieille ville de Sélestat : la tour de l'Horloge.

Bassin potassique d'Ungersheim, Carreau Rodolphe, 1913-1976.
© (MDPA)

Rouages de l'horloge astronomique de Strasbourg.

Bugatti course de 1932 au musée de l'Automobile de Mulhouse.

que constitue le noyau de la prestigieuse bibliothèque humaniste (450 manuscrits et 530 incunables), installée dans l'ancienne halle au blé. Riche patrimoine architectural (église romane Sainte-Foy, église gothique Saint-Georges, plusieurs bâtiments Renaissance et du XVIIIe siècle).

Moulage funéraire d'une femme ensevelie dans la chaux vive au XIIe siècle dans l'église Sainte-Foy à Sélestat.

Les musées des trois grandes villes

Colmar. Les musées : Unterlinden dans le couvent des Dominicaines (XIIIe siècle), installé en 1853 par la société Schongauer. Connu surtout pour le retable d'Issenheim (1517), il comprend aussi une collection archéologique, des sculptures en pierre et en bois, des tableaux des XVe et XVIe siècles.

Le musée Bartholdi, installé dans la maison natale du sculpteur (1834-1904), créateur de *La Liberté éclairant le monde* érigée à New York, contient une collection de maquettes, de sculptures, de dessins, de peintures et de photographies de l'un des représentants majeurs de l'art statuaire au XIXe siècle. Il s'y ajoute le muséum d'Histoire naturelle (collections de roches, fossiles, animaux et plantes) et le Musée animé du Jouet et des Petits Trains.

Mulhouse. La ville accueille un ensemble unique de cinq musées qui constitue le premier pôle de musées techniques de France.

- Musée national de l'Automobile. Collection Schlumpf avec plus de 500 véhicules de 102 marques différentes.
- Musée français du Chemin de fer : il contient une centaine de locomotives, voitures et wagons, cent cinquante ans d'histoire du rail.
- Musée de l'Impression sur étoffes. Ses collections permettent d'écrire l'histoire des tissus imprimés du XVIIIe siècle à nos jours.

- Electropolis : musée de l'Energie électrique. C'est un lieu didactique où sont abordés tous les domaines de l'électricité, les sources de l'histoire, les lieux de consommation et de production de l'électricité.

- Musée du Sapeur-Pompier. Il comprend des objets, du gros matériel, des collections de casques et des uniformes.

Il s'y ajoute le Musée historique installé dans l'hôtel de ville de 1551 avec des intérieurs bourgeois et ruraux, des poêles en faïence, les vieux métiers et des objets des traditions populaires.

Strasbourg. Les musées constituent un bel ensemble.

- Musée archéologique : il expose toutes les périodes anciennes, du paléolithique au haut Moyen Age.

- Musée historique : consacré au passé de la cité, très riche.

- Musée alsacien : avec plus de 7000 objets il illustre le folklore, la vie rurale et artisanale, l'équipement domestique et professionnel, la vie religieuse et militaire.

- Musée de l'Œuvre-Notre-Dame : collections de l'art alsacien du XIe au XVIIe siècle, en particulier des sculptures, des peintures, de l'orfèvrerie, du mobilier et des tapisseries.

- Cabinet des estampes : gravures et dessins du XVe au XXe siècle, gravures sur bois et lithographies du XIXe siècle et des affiches.

- Musée des Arts décoratifs : collection de mobilier, orfèvrerie, ferronnerie, faïence et céramique (Hannong).

- Musée des Beaux-Arts : écoles flamande, hollandaise, italienne, espagnole et française du XIVe au XIXe siècle.

- Musée de l'Art moderne et contemporain, d'une architecture très moderne, construit par Fainsilber contient des œuvres de la fin du XIXe à la fin du XXe siècle.

Les autres musées intéressants

Albé : belles maisons vigneronnes. Musée des Arts et Traditions populaires de la vallée de Villé.

Fréland : ce village montagnard possède trois musées : Maison du pays Welsch (vieux métiers disparus avec leur outillage), musée de la Forge (hydraulique) et musée d'Art religieux.

Marmoutier : musée des Arts et Traditions populaires (souvenirs de la communauté juive, activités artisanales).

Merkwiller-Pechelbronn : le musée du Pétrole retrace l'histoire de l'épopée de l'or noir qui a fortement marqué le paysage et les mentalités au XIXe siècle et dans la première moitié du XXe.

Molsheim : le Musée historique installé à la Chartreuse contient des pièces de mobilier et d'art sacré. Il est le siège de la fondation Bugatti (période 1910-1947).

Oltingue : très riche Musée paysan : objets de piété, ustensiles de la vie quotidienne, costumes, mobilier et ateliers d'artisans.

Choix d'alcools d'Alsace.

Les cigognes, chères aux Alsaciens.

Saint Pierre s'est endormi sur le chemin de la croix à Murbach.

En partant de la gauche vers le bas :

Château de Ferrette.

Ange au musée d'Unterlinden à Colmar.

Musée de l'Art moderne et contemporain à Strasbourg.

Détail de l'horloge astronomique dans la cathédrale de Strasbourg.

Pfaffenhoffen : intéressant musée de l'Imagerie populaire et peinte alsacienne, avec en particulier une remarquable collection de peintures sous verre.

Rixheim : dans l'ancienne commanderie des chevaliers Teutoniques (1735-1737) est installé le musée du Papier peint : 130 000 documents du XVIIIe au XXe siècle et le matériel de fabrication des XVIIIe et XIXe siècles.

Wissembourg : la ville, au riche patrimoine architectural, possède le musée Westercamp : échantillons de l'imagerie Wentzel, mobilier, costumes.

Bibliographie

Deux ouvrages collectifs incontournables :

Encyclopédie de l'Alsace, 12 volumes, Strasbourg, éd. Publitotal, 1982-1986.

Nouveau Dictionnaire de biographie alsacienne, 46 volumes parus fin 2006 A-Z et complément A-M, Strasbourg, Fédération des Sociétés d'Histoire et d'Archéologie d'Alsace, 1982.

Géographie et économie

R. KLEINSCHMAGER, *L'Economie alsacienne en question*, Strasbourg, éd. Alsatia, 1974.

H. NONN, *Strasbourg et sa Communauté urbaine*, Notes et Etudes documentaires n° 4657-4658, La Documentation française, 1982.

R SCHWAB, *De la cellule rurale à la région : l'Alsace 1825-1960*, Strasbourg, éd. Ophrys, 1980.

Histoire

Histoire de l'Alsace, sous la direction de Ph. DOLLINGER, Toulouse, éd. Privat, 2e éd., 1991.

Histoire de l'Alsace, sous la direction de F. RAPP, 8 volumes, Ingersheim, éd. Mars et Mercure, 1976-1979.

B. VOGLER et coll., *L'Alsace, une histoire*, Strasbourg, éd. Oberlin, 1990.

B. VOGLER, *Histoire culturelle de l'Alsace*, Strasbourg, éd. La Nuée Bleue, 1993.

B. VOGLER, *Histoire des chrétiens en Alsace*, Paris, éd. Desclée, 1994.

B. VOGLER, *Histoire politique de l'Alsace*, Strasbourg, éd. La Nuée Bleue, 1995.

A. WAHL et J.-Cl. RICHEZ, *La Vie quotidienne en Alsace entre France et Allemagne*, éd. Hachette, 1993.

Nouvelle Histoire de l'Alsace. Une région au cœur de l'europe, sous la direction de B. VOLGER, Toulouse, éditions Privat, 2003.

Culture, art et traditions

A. FINCK, *Littérature alsacienne, XXe siècle*, Strasbourg, Salde, 1990.

H. HAUG, *L'Art en Alsace*, Paris, 1962.

R. HEITZ, *La Sculpture en Alsace*, Paris, 1949.

R. HEITZ, *La Peinture en Alsace 1050-1950*, Strasbourg, Istra, 1975.

G. KLEIN, *Arts et traditions populaires*, Strasbourg, 1973.

F. SARG, *En Alsace du berceau à la tombe*, Strasbourg, éd. Oberlin, 1993.

M. DŒRFLINGER, *Découverte des costumes traditionnels en Alsace*, Ingersheim, éd. SAEP, 1979.

I. BIANQUIS-GASSER, *L'Art et la Vigne*, Strasbourg, éd. Le Verger, 1994.

G. PUDLOWSKI, *Le Guide Pudlowski de l'Alsace gourmande*, Paris, éd. Albin Michel, 1989.

Patrimoine

Coll., *Dictionnaire des monuments historiques d'Alsace*, Strasbourg, éd. La Nuée Bleue, 1995.

Ch.-L. SALCH, *Nouveau Dictionnaire des châteaux forts d'Alsace*, Strasbourg, éd. Alsatia, 1991.

Connaître et aimer l'Outre-Forêt, Cercle d'Histoire de l'Alsace du Nord, 1984.

A. MUNCK, M. GLOTZ et G. CLAERR-STAMM, *Le Guide du Sundgau*, 1989.

Le Guide des Vosges, Club Vosgien, 1981.

J.-B. WAHL, *La Ligne Maginot en Alsace, 200 km de béton et d'acier*, 1987.

Marque-pages
15 € l'un
40 € les trois

Informations culturelles et pratiques

Manifestations en Alsace

Février

• Carnaval
Fête des fous. Défilé de nuit et de jour. Grande cavalcade costumée pour chasser les frimas de l'hiver. Masques traditionnels en bois du Rhin Supérieur.
Sélestat
Fin février
Tél. : 03 88 58 85 75
www.ville-selestat.fr

© Photo ville de Sélestat

Carnaval.

Mars - Avril

• Giboulées de la Marionnette
Spectacles de marionnettes pour petits et grands.
Strasbourg
Mars
Tél. : 03 88 35 70 10
www.theatre-jeune-public.com

Giboulées de la Marionnette.
© La petite Odyssée : Benoît de Carpentier (spectacle du Théâtre Jeune Public de Strasbourg – CDN d'Alsace)

• Festival des Artefacts
Sur trois jours musiciens et groupes se succèdent sur deux scènes, chanson française, pop-rock, hip-hop, etc.
Strasbourg
Fin avril
Tél. : 03 88 23 72 37
www.festival.artefact.org

Mai - Juin

• Festival l'Humour des Notes
Humour musical, spectacle en salle et dans la rue sur dix jours.
Haguenau
Mai
Tél. : 03 88 73 30 54
www.ville-haguenau.fr

© Affiche Anne-Sophie Tschiegg

Festival l'Humour des Notes.

Page de gauche :
Le Marché de Noël de la place des Dominicains.

• Internationaux de tennis féminin
Strasbourg
Mai
Tél. : 03 88 26 04 16
www.internationaux-tennis-strasbourg.com

© Photo Internationaux de Strasbourg

Internationaux de tennis féminin.

• Les Festivités de Pentecôte
Courses hippiques le lundi de Pentecôte, festivités sur quatre jours. Le point d'orgue de la manifestation est le cortège de groupes folkloriques qui a lieu le dimanche après-midi dans le centre-ville.
Wissembourg
Fin mai - début juin
Tél. OT : 03 88 94 10 11
www.ot-wissembourg.fr

© Photo Marx

Les festivités de Pentecôte.

• Festival de Musique de Strasbourg
Concerts symphoniques, musiques de chambre, récitals et galas lyriques.
Strasbourg
Juin
Tél. : 03 88 32 43 10
www.festival-strasbourg.com

• Strasbourg Jazz Festival
Strasbourg
Fin juin-début juillet
Tél. : 03 88 32 43 10
www.festival-strasbourg.com

• Euro Minéral – Euro Gem
Bourse internationale des minéraux, gemmes et fossiles
Sainte-Marie-aux-Mines
Fin juin
Tél. : 03 89 50 51 51
www.euromineral.fr

• Marathon du vignoble
Molsheim
Fin juin
Tél. OT : 03 88 38 57 26
www.marathon-alsace.com

• Crémation des 3 sapins
Trois sapins sont brûlés sur la place Joffre devant la collégiale. Une fête mi-religieuse mi-profane pour rappeler les origines de la ville.
Thann
Le 30 juin
Tél. : 03 89 37 96 20
www.ot-thann.fr

© Photo Office de Tourisme de Thann

Crémation des 3 sapins.

Juillet - Août

• Festival International de Musique de Colmar
Un hommage annuel à un grand musicien, musique classique, orchestre symphonique, musique de chambre, récital.
Colmar
1ère quinzaine de juillet
Tél. : 03 89 20 68 92
www.festival-colmar.com

• Festival Automobile de Mulhouse
Rassemblement de véhicules anciens.
Mulhouse
Premier week-end de juillet
Tél. : 03 89 42 47 73
www.mulhouse.fr

© Photo Norbert l'Hostis, ville de Mulhouse

Festival Automobile de Mulhouse.

• La Nocturne du Hans
Course nocturne de 12 km à travers la vieille ville et le vignoble.
Obernai
Le samedi après le 14 Juillet
Tél. OT : 03 88 95 64 13
www.nocturneduhans.com

• Streisselhochzeit
Un mariage traditionnel dans un petit village de 1 800 habitants.

© Photo ville de Seebach

Streisselhochzeit.

Des mises en scène dans la plupart des cours de fermes.
Après le 14 juillet
Seebach
Tél. OT : 03 88 94 74 06
www.uas.fr

• Labyrinthus
Se perdre tout en se cultivant...
Ribeauvillé
Juillet - Août
Tél. : 03 89 41 80 81
www.labyrinthus.com

© Photo Y. Arthus-Bertrand
Labyrinthus.

• L'Ill aux Lumières
Une grande promenade le soir au bord de l'eau avec des animations et des illuminations.
Strasbourg
Juillet – Août
Tél. : 03 88 52 28 28
www.strasbourg.fr

• Rêve d'une nuit d'été
Son et lumière retraçant l'histoire du Val de Villé des Celtes à nos jours.
Colline Saint-Gilles de Saint-Pierre-Bois dans le Val de Villé.
Fin juillet
Tél. : 03 88 58 99 11
www.reve-dete.com

• Lez'Arts Scéniques
Festival de musiques actuelles et d'expressions culturelles à thème.
Sélestat Salle des Tanzmatten
Début août
Tél. : 03 88 92 02 05
www.lezartssceniques.com

© Photo ville de Sélestat
Le Corso fleuri.

• Le Corso fleuri
Chars décorés de dahlias, spectacles de rue, animations et feu d'artifice.
Sélestat
Deuxième samedi d'août
Tél. : 03 88 58 85 75
www.corso-fleuri.fr

© Photo ville de Marlenheim
Le Mariage de l'Ami Fritz.

• Le Mariage de l'Ami Fritz
Reconstitution d'une noce. Costumes régionaux dans la tradition du XIXe siècle.
Marlenheim
Les 14 et 15 Août
Tél. : 03 88 59 29 55
www.cc-porteduvignoble.fr

© Photo ville de Sélestat
Lez'Arts Scéniques.

• Foire aux vins d'Alsace
Foire généraliste axée sur les vins d'Alsace, le mobilier, les artisans. Grands spectacles en soirée.
Colmar
Mi-août
Tél. : 03 90 50 50 50
www.foire-colmar.com

• Festival de Jazz et des musiques improvisées
Free jazz et jazz contemporain.
Mulhouse
Deuxième quinzaine d'août
Tél. : 03 89 45 36 67
www.jazz-mulhouse.org

© Photo Manfred Rinderspacher
Festival de Jazz et des musiques improvisées.

• Festival Voix et Route Romane
Festival itinérant dans les édifices de la route romane.
Fin août-début septembre
Tél. : 03 90 41 02 02
www.voix-romane.com

© Photo Voix et Route Romane
Festival Voix et Route Romane.

Septembre - Octobre

• Selest'Art
Biennale. Parcours d'art contemporain dans toute la ville.
Selestat
Septembre - Octobre
Tél. : 03 88 58 85 75
www.selest-art.fr

© Ben, photo Florian Tedgie
Selest'Art.

• Les Nuits électroniques de l'Ososphère
Tous les murs et les façades du quartier de la Laiterie s'animent et s'éclairent pour des spectacles pluridisciplinaires mêlant musiques électroniques, arts numériques, visuels et en réseaux.
Strasbourg
Fin septembre
Tél. : 03 88 23 72 37
www.ososphere.org

• Pfifferdaj - Fête des Ménétriers
Ribeauvillé
Premier dimanche de septembre
Tél. : 0820 360 922
www.ribeauville-riquewihr.com

© Photo Office de Tourisme du Pays de Ribeauvillé et Riquewihr
Pfifferdaj - Fête des Ménétriers.

• Festival de Jazz de Colmar
Tous les styles de jazz.
Colmar
Septembre
Tél. : 03 89 20 68 45
www.ville-colmar.fr

• Carrefour Européen du Patchwork
Sainte-Marie-aux-Mines
Troisième week-end de septembre, 4 jours
Tél. : 03 89 58 33 10
www.patchwork-europe.com

• Musica - Festival International des Musiques d'Aujourd'hui de Strasbourg
Festival de musique contemporaine.
Strasbourg et région transfrontalière
Fin septembre - début octobre
Tél. : 03 88 23 46 46
www.festival-musica.org

• Fête d'Automne
Groupes folkloriques, orchestres, tartes flambées, dîner-spectacle, choucroute sous chapiteau et cortège dans la ville.
Troisième week-end du mois d'octobre
Obernai
Tél. OT : 03 88 95 64 13
www.obernai.fr

Novembre - Décembre

• Jazzdor Festival
Jazz d'aujourd'hui
Strasbourg et ses alentours.
Novembre
Tél. : 03 88 36 30 48
www.jazzdor.com

• ST'ART – Salon international d'art contemporain
90 galeries d'art contemporain.
Strasbourg
Novembre
Tél. : 03 88 37 21 14
www.st-art.com

• Festival les « Noëlies »
Manifestations culturelles pour redonner du sens à Noël, musique, danse, théâtre, contes, etc.
Dans toute l'Alsace
Décembre
Tél. : 03 88 24 55 65
www.noelies.com

© Photo Christophe Meyer
Le Festival les « Noëllies ».

• La forêt enchantée
Mise en scène dans la ville de contes et légendes du Sundgau et d'ailleurs.
Altkirch
Décembre à mi-janvier
Tél. : 03 89 08 36 03
www.mairie-altkirch.com

© Photo Christophe Urbain
Jazzdor Festival.

Noël en Alsace

Au moment de l'Avent, l'Alsace se pare de lumière et enchante par ses traditions. Il y a les illuminations des monuments, les cortèges et l'arrivée de saint Nicolas, les sapins, les concerts et les fameux marchés de Noël où l'on trouve produits régionaux et objets artisanaux. Il faut consulter le calendrier pour avoir les dates de toutes ces manifestations sur le site www.noel-alsacetourisme.com

Principaux Marchés de Noël

Colmar

• **Le Marché de Noël Koïfhus,** marché couvert, rassemblant objets d'art et antiquités

• **Le Marché de Noël de l'Ancienne Douane et de la place des Dominicains.** Marchés extérieurs, objets de décoration, artisanat, produits régionaux

• **Le Marché de Noël de la place Jeanne-d'Arc**, marché de terroir et de tradition, gastronomie alsacienne.

© Photo G. Würtz

Le Marché de Noël de la place Jeanne d'Arc.

• **Le Marché de Noël des Enfants** de la Petite Venise, jouets en bois, manège crèche animée et la boîte aux lettre géante du Père Noël pour un cadeau…
Tél. OT : 03 89 20 68 92
www.noel-colmar.com

Haguenau

• **Le Marché de Noël,** ouvert tous les jours, produits du terroir des saucissons aux épices de Noël, artisanat, décorations de Noël.

• **Le Marché des Douceurs** entre Noël et le jour de l'an. Produits de bouche
Tél. : 03 88 93 70 00
www.ville-haguenau.fr

© Photo Service de Communication de la ville de Haguenau

Le Marché de Noël de Haguenau.

Mulhouse

• **Le Marché de Noël.** Chaque année une étoffe est éditée pour l'occasion et sert à décorer la ville. On la trouve déclinée en linge de maison sur le marché.

• **Le Marché de Noël au Musée** dans la boutique avec un espace réservé.

• **Le Village des Enfants**
Tél. : 03 89 42 47 73 ou à l'OT 03 89 35 48 48
www.mulhouse.fr

© Photos Thomas Itty, ville de Mulhouse

Le Marché de Noël de Mulhouse.

Obernai

• **Le Marché de la gastronomie de Noël en Alsace**
Trois places dans le centre-ville dont l'une est entièrement consacrée à la gastronomie régionale, munster, salaisons, foie gras, vins, produits de distillerie, epices, etc.

• **Le Sentier des gourmandises,** un boulanger ou un pâtissier organise un atelier vivant pour faire des bredele et mannele pour la Saint-Nicolas.
Du premier dimanche de l'Avent au 24 décembre
Tél. OT : 03 88 95 64 13
www.obernai.fr

Saverne

• **Le Marché de Noël**
Un joli marché dans la vieille ville avec chaque annee un thème différent
Fin novembre à Noël.
Tél. OT : 03 88 91 80 47
www.ot-saverne.fr

Sélestat

• **Le Marché de Noël**

• **Le Marché des producteurs de sapins**
Tél. OT : 03 88 58 87 20
www.noel-selestat.fr ou www.selestat-tourisme.com

© Photo ville de Sélestat

Le Marché de Noël de Sélestat.

Strasbourg

• Le « **Christkindelsmärik** », le plus ancien marché de Noël depuis 1570. Tout sur le thème de Noël et de façon artisanale.

• Le **Marché de Noël de la place de la Cathédrale** plus axé sur la décoration.

• Le **Marché d'un pays invité d'honneur sur la place Gutenberg.**

Tél. : 03 88 52 28 28

www.strasbourg.fr ou

www.noel-strasbourg.com

© Photo ville de Strasbourg

Le Marché de Noël de Strasbourg.

Struth

• **Le Marché de Noël**

Le plus petit marché de Noël d'Alsace !

Tél. mairie : 03 88 01 56 62

Thann

• **Le Marché de Noël**

Près de la collégiale gothique, sur deux places, une forêt de sapins et des chalets proposant des produits régionaux et artisanaux. Chaque année un thème différent, des expositions, des contes et un Père Noël qui descend en rappel de la flèche de la collégiale.

Décembre

Tél. : 03 89 37 96 20

www.ot-thann.fr

Saint-Nicolas, Christkindel et Hans Trapp, sapins et décors de Noël, crèches...

Colmar

• **Passage de Saint Nicolas**

Le 6 décembre

Tél. : 03 89 41 93 10

www.museejouet.com

Cernay

• **La Forêt de Noël**

Des sapins décorés artisanalement envahissent toute la ville.

Deux semaines début décembre

Tél. OT : 03 89 75 50 35

www.cernay.net

© Photo Marc Antoine Weber

La Forêt de Noël de Cernay.

Mulhouse

• **Atelier des étoffes, tissage de Kelsch**

Des animations autour du tissage.

Tél. : 03 89 42 47 73

www.mulhouse.fr

Munster

• **Les ateliers de Noël**

Apprendre à cuisiner des biscuits de Noël, faire un calendrier de l'Avent, des décorations, des cartes, etc.

Décembre

Tél. : 03 89 77 31 80

www.la-vallee-de-munster.com

Sélestat

• **Histoire de l'Arbre de Noël.**

Dans l'église Saint-Georges, des sapins retracent l'évolution de la décoration de l'arbre de Noël.

• **Crèche** de l'église Saint-Antoine, impressionnante par ses dimensions plus de 6 m de haut.

• **La première mention écrite de l'arbre de Noël** exposée à la Bibliothèque Humaniste.

• **Défilé de la Saint-Nicolas**

Tél. OT : 03 88 58 87 20

www.noel-selestat.fr ou

www.selestat-tourisme.com

Soufflenheim et Betschdorf

• **Noël « Au Tour » des Potiers**

Dans ces villages potiers, certains artisans ouvrent leurs ateliers pour vous permettre de fabriquer vos décorations de Noël.

Fin novembre à l'Epiphanie

Tél. OT : 03 88 86 74 90 ou

03 88 54 44 92

www.ot-soufflenheim.fr

© Photo Poterie Siegfried-Burger

Animation de Noël autour des Potiers.

Strasbourg

• **Le Grand Sapin et le Village du Partage**

Le plus grand sapin d'Europe !

Place Kleber

Tél. : 03 88 52 28 28

www.strasbourg.fr ou

www.noel-strasbourg.com

Wangenbourg-Engenthal

• **Les fenêtres de l'Avent**

Des circuits à faire en voiture ou à pied pour découvrir les fenêtres illuminées de la ville.

Du premier dimanche de l'Avent à l'Epiphanie de 17 h à 22 h

Tél. OT : 03 88 87 33 50

www.suisse-alsace.com

Wissembourg

• **Défilé nocturne avec Chriskindel et Hans Trapp**

Cavaliers et tambours annoncent l'arrivée du Hans Trapp...

Le 3e dimanche de l'Avent de 17 h à 18 h

• **Allumage des bougies de l'Avent**

Chaque dimanche de l'Avent sur la place de la République

Tél. OT : 03 88 94 10 11

www.ot-wissembourg.fr

Quelques lieux à visiter

Attention quelques sites ne sont pas ouverts durant certains mois de l'année, il est préférable de téléphoner avant.

Bas-Rhin (67)

Andlau

• Abbatiale Saints-Pierre-et-Paul

Sur la Route Romane, église du XIIe siècle célèbre pour les sculptures de son portail.
Cours de l'Abbaye
Tél. : 03 88 08 22 57

Baldenheim

• Eglise de Baldenheim

Peintures murales médiévales des XIVe et XVe siècles. Celles du chœur furent réalisées d'après des dessins de Martin Schongauer.
Rue de l'Eglise
Tél. : 03 88 85 31 30

Barr

• Village pittoresque. A voir, **la vieille ville** et le **Musée de la Folie Marco** (30, rue Sultzer). Une « folie » Louis XV avec un somptueux décor intérieur.
Tél. OT : 03 88 08 66 65
www.pays-de-barr.com

Betschdorf

• Village de potiers avec d'anciennes maisons à colombages. Le **Musée de la Poterie** (2, rue de Kuhlendorf Tél. : 03 88 54 48 07) présentant des poteries du village, des grès vernis au sel à décor bleu et gris.

Bischheim

• Bain rituel et Musée local du Judaïsme

Bain rituel (*mikvé*), escalier hélicoïdale à noyau creux du XVIe siècle et salles consacrées à la communauté juive de Bischheim.
« Cour des Boecklin »
17, rue Nationale
Tél. : 03 88 81 49 47

Bouxwiller

• Musée de Bouxwiller en Pays de Hanau

Collection de meubles polychromes, costumes traditionnels, histoire du château de Bouxwiller et Marie Hart.
Place du Château
Tél. : 03 88 70 99 15

• Musée Judéo-Alsacien

Dans l'ancienne synagogue, le musée retrace l'histoire du judaïsme en Alsace.
62a, Grand'Rue
Tél. : 03 88 70 97 17.
Ouvert d'avril à septembre
www.pays-de-hanau.com

Cleebourg

• Connu pour ses vins, ce village pittoresque, aux maisons basses à colombages, se trouve sur la route des vins d'Alsace. Il a aussi la particularité d'avoir fait partie du domaine de la couronne suédoise.

Diedendorf

• Château de Diedendorf

Château du XVIe siècle remarquable pour son décor intérieur. Nombreuses animations.
Rue Principale
Tél. : 03 88 01 32 70
wwww.chateau-de-diedendorf.com

Ebersmunster

• Abbatiale Saint-Maurice

La seule église baroque d'Alsace.
Les Amis de l'église abbatiale
Tél. : 03 88 85 78 32

Ehnwihr

• Maison de la Nature du Ried et de l'Alsace Centrale

Balades nature, sentiers d'interprétation sur la flore et la faune du Ried.
36, Ehnwihr
Tél. : 03 88 85 11 30

Eschau

• Eglise Saint-Trophime

Eglise abbatiale d'époque romane (fin du Xe siècle) et jardin monastique.
Rue de la 1re-Division-Blindée
Tél. : 03 88 64 03 76

Graufthal

• Les Maisons des rochers

Habitats semi-troglodytiques meublés à l'ancienne.
Graufthal Tél. : 03 88 70 17 70
ou l'OT : 03 88 70 42 30
www.ot-paysdelapetitepierre.com

Gambsheim

• Les Ecluses du Rhin

A voir les écluses, le barrage de l'usine hydroélectrique et la plus grande échelle à poissons d'Europe. Musée de la Batellerie sur une péniche.
Pavillon du Tourisme – Ecluses du Rhin
Tél. : OT : 03 88 96 44 08

Gertwiller

• Musée du Pain d'Epices et de l'Art Populaire Alsacien

Dans une vieille demeure, un atelier de fabrication artisanale de pain d'épices. A l'étage un musée autour du pain, du pain d'épices, des biscuits, du chocolat...
110, place de la Mairie
Tél. : 03 88 08 93 52
www.paindepices-lips.com

Grandfontaine

• Le Donon

Sentier de découverte archéologique avec panneaux didactiques sur l'histoire d'un site occupé depuis le néolithique. Au sommet, vue panoramique et pastiche XIXe siècle d'un temple antique !
Tél. OT : 03 88 47 18 51

• L'ancienne Mine de Fer de Framont

Une ancienne mine de fer avec un musée minéralogique.
Lieu-dit Les Minières
Tél. : 03 88 97 20 09
www.hautebruche.com

Haguenau

• A voir : le **retable du XVIe siècle de l'église Saint-Georges** réalisé par des élèves de Schongauer (11, rue Saint-Georges), les **boiseries de l'église Saint-Nicolas** (206, Grand'Rue), le **Musée Alsacien** situé dans un bâtiment du XVe siècle et présentant des collections d'arts et traditions populaires (1, place Joseph-Thierry Tél. : 03 88 73 30 41). Le **Musée Historique** expose des objets archéologiques provenant de tombes des Ages du Bronze et du Fer, des sceaux du XIIe au XIXe siècle (9, rue du Maréchal-Foch Tél. : 03 88 93 79 22).
Tél. OT : 03 88 93 70 00
www.ville-haguenau.fr

Hatten

• Musée de l'Abri de Hatten - Ligne Maginot

28 pièces (cuisine, chambre, puits, etc.) à visiter. Maquettes de forts de la Ligne Maginot.
Rue de l'Abri
Tél. : 03 88 80 14 90
www.musee-abri-hatten.com

Hunspach

• Village classé parmi les plus beaux de France.
3, route de Hoffen
Tél. OT : 03 88 80 59 39
www.maison-ungerer.com

Kintzheim

• **La Montagne des Singes,** une balade dans un parc de 24 ha où vivent en liberté plus de 280 macaques de Barbarie (Tél. : 03 88 92 11 09 www.montagnedessinges.com) et **La Volerie des Aigles,** spectacles de rapaces en vol libre dans les ruines du château médiéval de Kintzheim (Tél. : 03 88 92 84 33 www.voleriedesaigles.com).

Kutzenhausen

• Maison rurale de l'Outre-Forêt

Un musée d'arts et traditions populaires. Animations.
1, place de l'Eglise
Tél. : 03 88 80 53 00

Lembach

• Le **Château fort de Fleckenstein**

Ruines d'un grand château fort (XIIe-XVIIe siècle) en partie taillé dans la roche. (Tél. : 03 88 94 28 52) et la **Ligne Maginot - Ouvrage du Four à Chaux.** Important ouvrage de la ligne Maginot avec des kilomètres de galeries souterraines et différentes salles. (Ouvert toute l'année sur rendez-vous Tél. : 03 88 94 48 62 ou 03 88 94 43 16)
www.ot-lembach.com

Lorentzen

• Château de Lorentzen

Château reconstruit au XVIe siècle puis remanié au XVIIIe. Très bel ensemble architectural.
Tél. OT : 03 88 00 40 39

Marmoutier

• L'Eglise abbatiale.

Une des plus belles d'Alsace avec façade romane, nef gothique, crypte archéologique et des stalles remarquables (8, place du Général-de-Gaulle Tél. : 03 88 71 46 84).
Musée d'arts et traditions populaires dans une ancienne maison à colombages du XVIe siècle, reconstitution d'un intérieur du XVIIIe, collection de moules et d'objets du culte juif (6, rue du Général-Leclerc Tél. : 03 88 71 46 84).
Le Centre Européen de l'Orgue - Les Flûtes du Monde explique le fonctionnement des orgues et raconte leur histoire. Collection de 1 000 flûtes. (50, rue du Couvent Tél. : 03 88 03 21 34)
www.marmoutier.net

Meisenthal

• Maison du Verre et du Cristal

Petit détour en Moselle ! Autour d'un four de verrier,

les différentes étapes de fabrication du verre et du cristal. A voir aussi les créations contemporaines du Centre International d'Art Verrier.
Place Robert-Schuman
Tél. : 03 87 96 91 51

Molsheim

• Eglise des Jésuites
Eglise gothique remarquable par son décor intérieur, peintures murales, sculptures, objets religieux et son orgue Silbermann de 1781.
Rue Notre-Dame
Tél. : 03 88 38 11 61

Nideck

• Château et cascade du Nideck
Ruines d'un château des XIIIe et XIVe siècles.
Tél. OT : 03 88 87 33 50

Obernai

• Jolie ville au pied du Mont Sainte-Odile. Remparts, maisons anciennes. A voir la place du marché, l'hôtel de ville, l'ancienne Halle aux blés, le puits au Six-Seaux, d'époque Renaissance et la tour de la Chapelle.
Tél. : 03 88 95 64 13
www.obernai.fr

Orschwiller

• Château du Haut-Koenigsbourg
Château fort (XIIe et XVe-XVIe siècles) perché sur un plateau rocheux. Visites variées. Soirées médiévales en nocturne.
Tél. : 03 88 82 50 60
www.haut-koenigsbourg.fr

Ottrott

• A visiter : le **Mont Sainte-Odile,** un monastère à 763 m d'altitude sur un rocher de grès rouge dédié à Sainte Odile, la patronne de l'Alsace. Vue panoramique sur la plaine.
Un sentier de randonnée fait le tour du site (Tél. : 03 88 95 80 53 www.mont-saint-odile.com) et le **Parc-Aquarium « Les Naïades »** qui retrace l'histoire de l'eau et de la vie aquatique. Ferme pédagogique (30, route de Klingenthal Tél. : 03 88 95 90 32 parclesnaiades.com)

La Petite-Pierre

• Musée des Arts et Traditions Populaires : collection de moules à gâteaux alsaciens en bois sculpté (rue des Remparts Tél. : 03 88 70 48 65). **Château de La Petite-Pierre** datant du XIIIe siècle et remanié par Vauban. Exposition sur le patrimoine naturel et historique de la région. (Maison du Parc Naturel Régional des Vosges du Nord Tél. : 03 88 01 49 59 www.parc-vosges-nord.fr)

Pfaffenhoffen

• Musée de l'Image Populaire
Des images pour illustrer la vie d'autrefois en Alsace. Souhaits de baptême, de mariage, canivets du XVIIe siècle, fixés sous verre, etc.
24, rue du Docteur-Schweitzer
Tél. : 03 88 07 80 05
www.tourisme.pays-de-hanau.com

Rosheim

• Eglise Saint-Pierre-et-Saint-Paul
Eglise du XIIe siècle représentative du style roman alsacien et remarquable pour ses sculptures.
Rue du Général-de-Gaulle
Tél. : 03 88 50 75 38

Saverne

• Château du Haut-Barr datant du XIIIe siècle et restauré au XVIe appelé « l'œil d'Alsace » pour son panorama. La **Tour de l'ancien télégraphe Chappe** qui faisait partie de la ligne Paris-Strasbourg de 1798 à 1852. Enfin le **Musée de la ville de Saverne,** un musée d'art et d'histoire (château des Rohan Tél. : 03 88 91 06 28)
Tél. OT : 03 88 91 80 47
www.ot-saverne.fr

• Plan incliné
En Moselle à la limite du département, le plan incliné est un ascenseur à bateaux sur le canal de la Marne au Rhin.
Arzviller/Saint-Louis
Tél. : 03 87 25 30 69
www.plan-incline.com

Scherwiller

• Château de l'Ortenbourg
Imposante ruine d'un château du XIIIe siècle construit par Rodolphe de Habsbourg.
Tél. OT : 03 88 92 25 62
www.chatenois-scherwiller.com

Schirmeck

• Mémorial de l'Alsace-Moselle
Parcours historique de l'Alsace-Moselle de 1870 à nos jours. Reconstitutions variées.
Lieu-dit du Chauffour
Tél. : 03 88 47 45 50
www.memorial-alsace-moselle.com

Hunspach

• Fort de Schoenenbourg - Ligne Maginot

Fortification qui se trouve à 30 m sous terre. Visite des installations, des blocs de combats et du poste de commandement. Expositions thématiques.
Route du Commandant-Reynier
Tél. : 03 88 80 96 19 ou à l'OT 03 88 80 59 39
www.lignemaginot.com

Sélestat

• Dans la ville, il faut visiter la magnifique **église Sainte-Foy** d'époque romane et l'**église Saint-Georges** de style gothique avec des vitraux remarquables. Voir la **Bibliothèque Humaniste** la plus ancienne d'Alsace présentant l'évolution des techniques du livre du VIIe au XVIe siècle (1, rue de la Bibliothèque
Tél. : 03 88 58 07 20) et la **Maison du Pain d'Alsace** (rue du Sel
Tél. : 03 88 58 45 90
www.maisondupain-d-alsace.com) consacrée à l'histoire du pain.

Soufflenheim

• Village de potiers. Nombreuses fabriques et ateliers de poteries culinaires à visiter.
Tél. OT : 03 88 86 74 90
www.ot-soufflenheim.fr

Strasbourg

• A voir : la **cathédrale** et **l'horloge astronomique,** l'ancien quartier de la **Petite France** avec les **Ponts Couverts** et la **Terrasse Panoramique du Barrage Vauban** sur l'Ill, le **jardin botanique** (28, rue Goethe
Tél. : 03 90 24 18 65).
Côté musées : **Musée d'Art Moderne et Contemporain** (1, place Hans-Jean-Arp
Tél. : 03 88 23 31 31), le **Palais de Rohan** qui comprend les **Grands Appartements et Musée des Arts Décoratifs,** le **Musée des Beaux-Arts** et le **Musée Archéologique** (2, place du Château
Tél. : 03 88 52 50 00
www.musees-strasbourg), le **Musée Alsacien** sur les arts et traditions populaires (23-25, quai Saint-Nicolas
Tél. : 03 88 52 50 00).
Côté Europe : le **Conseil de l'Europe, la Cour Européenne des Droits de l'Homme** et le **Parlement Européen**.
OT : 17, place de la Cathédrale - Tél. : 03 88 52 28 28
www.ot-strasbourg.fr

Wissembourg

• A voir la **Maison du Sel,** un ancien entrepôt de sel du XVe siècle avec son toit très particulier, la **Maison de l'Ami Fritz,** maison Renaissance à oriel, les **remparts** du XIIIe et ses **tours,** le **Palais Stanislas** résidence du roi de Pologne et l'**Abbatiale Saints-Pierre-et-Paul,** un monument gothique du XIIIe siècle remarquable pour ses vitraux et son cloître du XIVe (avenue de la Sous-Préfecture
Tél. : 03 88 94 16 31)
Tél. OT : 03 88 94 10 11
www.ot-wissembourg.fr

Haut-Rhin (68)

Altkirch

• Musée Sundgauvien

Collections archéologiques, costumes, meubles, artistes de la région.
Tél. : 03 89 40 01 94

Bergheim

• Village de caractère sur la route des vins. Belles maisons de vignerons et vestiges d'une enceinte médiévale du XIVe siècle.
Tél. OT : 0820 360 922
www.ribeauville-riquewihr.com

Bergholtz-Zell

• Le sentier des carrières

Trois sentiers pédestres pour découvrir les carrières de grès rouge, les vignes, les forêts. Vue sur la plaine.
Tél. OT : 03 89 76 10 63

Cernay

• Le Parc à Cigognes

Parc créé en 1978 pour la réintroduction des cigognes en Alsace.
Rue Guibert
Tél. OT : 03 89 75 50 35

Colmar

• La **Maison des Têtes** d'époque Renaissance ornées de cent têtes, **l'église des Dominicains,** la **collégiale Saint-Martin,** la rue des Marchands, la Petite Venise, le quartier des Tanneurs, le **Musée d'Unterlinden** (1, rue d'Unterlinden
Tél. : 03 89 20 15 50
www.musee-unterlinden.com) qui expose le retable d'Issenheim de Matthias Grünewald, le **Musée Bartholdi**

(30, rue des Marchands
Tél. : 03 89 41 90 60) dans la maison natale du sculpteur, le **Musée Animé du Jouet et des Petits Trains** (40, rue Vauban
Tél. : 03 89 41 93 10
www.museejouet.com) avec ses automates, trains, poupées...

Eguisheim

• Un des plus beaux villages de France qui a conservé sa forme circulaire autour de son château médiéval. Demeures à colombages du XVIe siècle et vestiges d'une enceinte octogonale.
Tél. OT : 03 89 23 40 33
www.ot-eguisheim.fr

Ferrette

• Château de Ferrette
L'un des plus anciens châteaux d'Alsace, partiellement taillé dans la pierre. Depuis la plate-forme, très beau panorama. Accès libre.
Tél. OT : 03 89 08 23 88
www.jura-alsacien.net

Guebwiller

• Le **couvent des Dominicains** : très bel ensemble gothique du XIVe siècle (34, rue des Dominicains
Tél. : 03 89 62 21 82
www.les-dominicains.com).
L'**église romane Saint-Léger** (XIIe) avec à l'intérieur les échelles et les cordes abandonnées par les Armagnac qui voulaient piller la ville en 1445. L'**église néoclassique Notre-Dame** du XVIIIe et le **Musée Florival** qui retrace le passé historique, économique et artistique de la ville. Importante collection de céramiques de Théodore Deck
(1, rue du 4-Février
Tél. : 03 89 74 22 89).

Hattstatt

• Très ancien village fortifié remarquable pour ses maisons anciennes à colombages, l'hôtel de ville du XVIe siècle et l'église datant de la première moitié du XIe.

Hunawihr

• Hunawihr l'un des « Plus Beaux Villages de France » avec son **église et son cimetière fortifiés** du XIVe siècle, le **Jardin des Papillons** (route de Ribeauvillé
Tél. : 03 89 73 33 33) et le **Centre de Réintroduction des Cigognes et des Loutres en Alsace**
(Tél. : 03 89 73 72 62
www.cigogne-loutre.com), un parc animalier proposant balades dans les marais et spectacles animaliers.

Husseren-Wesserling

• Parc de Wesserling – Musée Textile
Jardins Classés Remarquables. Maison de l'agriculture de montagne. Musée du Textile retraçant l'histoire de l'ancienne manufacture royale de Wesserling.
Rue du Parc
Tél. : 03 89 38 28 08
www.parc-wesserling.fr

Kaysersberg

• « Petit Village de Caractère » situé au cœur du vignoble et dominé par un haut donjon. Maisons à colombages. A voir aussi le **Musée d'Histoire Locale** (64, rue du Général-de-Gaulle. Ouv. juillet-août.
Tél. : 03 89 78 11 11)
www.kaysersberg.com

Kientzheim

• Village de caractère avec une enceinte fortifiée et une **Porte Basse** dite du « Lalli ». Anciennes maisons à colombages. Le château médiéval remanié au XVIe siècle abrite le **Musée du Vignoble et des Vins d'Alsace**
(Tél. : 03 89 78 21 36).

Labaroche

• Espace des Métiers du Bois et du Patrimoine
Tous les métiers du bois et les outils de scierie. Belle collection de jouets en bois.
395a, La Place
Tél. : 03 89 78 94 18
www.musee-bois-labaroche.com

Lapoutroie

• **Le Musée des Eaux-de-Vie** : alambic, bouteilles, étiquettes... tout savoir sur la fabrication des eaux-de-vie, liqueurs et absinthes
(85, rue du Général Dufieux
Tél. : 03 89 47 50 26
www.musee-eaux-de-vie.com).
La **Fromagerie de Munster AOC Haxaire,** affineur depuis 1929 (Tél. : 03 89 47 50 76
www.haxaire.com), la seule fromagerie à fabriquer et affiner son Munster au lait cru.

Lac Blanc

• Non loin du col du Bonhomme, le **Lac Blanc,** le plus profond des Vosges encastré dans un cirque glaciaire.

Muhlbach-sur-Munster

• Musée de la Schlitte et des Métiers du Bois

Evocation des métiers autour du bois et de la schlitte.
11, rue de la Gare
Tél. : 03 89 77 61 08

Mulhouse

• Parc zoologique et Botanique : 190 espèces, 1200 animaux, tigres, panthère de l'Amour, ours polaires, reptiles, lémuriens... et jardin botanique le tout dans un magnifique parc de 25 ha (111, avenue de la 1re-Division-Blindée. Tél. : 03 89 31 85 10 www.zoo-mulhouse.com).
Cité de l'Automobile - Collection Schlumpf : le plus grand musée automobile du monde (192, av. de Colmar Tél. : 03 89 33 23 23 www.collection-schlumpf.com).
Musée de l'Impression sur Etoffes : Comprendre et connaître l'impression textile (14, rue Jean-Jacques-Henner Tél. : 03 89 46 83 00 www.musee-impression.com).
Cité du train : l'une des plus prestigieuses collections européennes de trains (Tél. : 03 89 42 83 33 www.citedutrain.com).
Le **Musée Historique** (place de la Réunion Tél. : 03 89 33 78 17), celui des **Beaux-Arts** (4, place Guillaume-Tell Tél. : 03 89 33 78 11) et le **Musée EDF Electropolis** retraçant l'histoire de l'électricité (55, rue du Pâturage Tél. : 03 89 32 48 50 www.edf.electropolis.mulhouse.museum)

Munster

• Maison du Parc naturel régional des Ballons des Vosges

Expositions sur les paysages, l'histoire et l'économie de la région. Circuits découvertes.
1, cours de l'Abbaye
Tél. : 03 89 77 90 34
www.parc-ballons-vosges.fr

Murbach

• Abbaye Saint-Léger de Murbach

Dans un petit village, une impressionnante abbaye bénédictine de la fin du XIIe siècle.
Tél. OT : 03 89 76 10 63

Neuf-Brisach

• Ville de plan octogonal avec triple ligne de défense, créée par Vauban pour marquer les portes de l'Alsace. Le **Musée Vauban** en retrace l'histoire (7, place de la Porte-de-Belfort Tél. : 03 89 72 03 93).

Niedermorschwihr

• Joli village aux belles maisons anciennes à oriels et balcons en bois ouvragé. Demeures de vignerons du XVIIIe siècle. A voir, l'église Saint-Gall étonnante par son cloché vrillé du XIIIe.

Ribeauvillé

• Trois châteaux dominent cette ville historique. Anciennes maisons d'artisans et de vignerons, hôtels particuliers. Le **Musée Municipal** expose les trésors des seigneurs des Ribeaupierre (2, place de l'Hôtel-de-Ville Tél. : 03 89 73 20 00)

Riquewihr

• Un des « Plus Beaux Villages de France ». Maisons à colombages du XVIe siècle, remparts. A voir : le **Musée de la Communication en Alsace, Postes, Diligences, Télécoms.** (Château des Princes Wurtemberg-Montbéliard Tél. : 03 89 47 93 80 www.shpta.com), le **Musée Hansi** (16, rue du Général-de-Gaulle Tél. : 03 89 47 97 00).

Rixheim

• Musée du Papier Peint

Histoire et fabrication des papiers peints.
La Commanderie
28, rue Zuber
Tél. : 03 89 64 24 56
www.museepapierpeint.org

Rouffach

• Un village remarquable pour son centre historique avec une halle aux blés, une tour des sorcières, un hôtel de ville Renaissance et l'église gothique Notre-Dame avec ses fonts baptismaux du XVe siècle.
Tél. OT : 03 89 78 53 15
www.ot-rouffach.com

Route des Crêtes

• Route créée lors de la Première Guerre Mondiale sur la ligne de crête pour relier les différentes vallées des Vosges. Elle offre de très beaux points de vue et passe par le col du Bonhomme, le col du Calvaire, le lac Vert, Honneck, un des sommets de la route, le col de la Schlucht et le Grand Ballon culminant à 1424 m d'altitude.

Saint-Louis-la-Chaussée

• Petite Camargue Alsacienne

Réserve Naturelle centre d'initiation à la nature et à l'environnement. Expositions, pisciculture, balades découvertes nature.
1, rue de la Pisciculture
Tél. : 03 89 89 78 50
www.petitecamarguealsacienne.com

Sainte-Marie-aux-Mines

• La Mine d'Argent Saint-Louis-Eisenthür : site classé datant du XVIe siècle. Présentation du travail dans les mines à la Renaissance. (Centre du Patrimoine Minier 4, rue Weis-Gerber
Tél. : 03 89 58 62 11
www.asepam.org) et la **Maison de Pays**, qui comprend un Musée minéralogique, un Musée textile et un Musée du Patrimoine Minier (place du Prensureux
Tél. : 03 89 58 56 67).

Sentheim

• Maison de la Géologie et Sentier Géologique

Un sentier qui présente un concentré géologique unique dans l'Est de la France pour découvrir l'histoire de la planète du Primaire au Quaternaire.
Place de l'Eglise
Tél. : 03 89 82 55 55
sentheim.geologie.free.fr

Steinbach

• Sentier des mines de fer de l'Erzenbach

Circuit de 2 heures avec panneaux explicatifs sur l'exploitation de filons de fer depuis le XVIIIe siècle. Arrivée sur les cascades de l'Erzenbach et retour par le vallon sauvage du Kettental.
Tél. OT : 03 89 75 50 35

Thann

• Collégiale Saint-Thiébaut

De style gothique, cette église possède un magnifique portail sculpté de plus de 450 personnages !
Place Joffre
Tél. OT : 03 89 37 96 20

Turckeim

• Petit village de caractère. Il est le seul en France à avoir un veilleur de nuit qui, de mai à octobre, fait sa ronde à partir de 22 h.

Ungersheim

• Le Bioscope

Parc d'exploration de la vie autour des thèmes de l'homme et de l'environnement.
Tél. : 03 89 62 43 00
www.lebioscope.com

Walheim

• Le Moulin-Bas de Walheim

Au bord de l'Ill, dans un site naturel magnifique, moulin hydraulique classé qui servait à moudre les céréales, faire de l'huile, actionner une batteuse, etc.
26, rue du Stade
Tél. : 03 89 40 98 46

Wattwiller

• Monument National du Vieil Armand

Lieu de mémoire de la Première Guerre Mondiale, champs de bataille, tranchées, installations militaires, crypte et cimetière national.
Tél. : 03 89 75 50 35
www.cernay.net

Wintzeinheim

• Château du Hohlandsbourg

Construit au XIIIe siècle et détruit pendant la guerre de Trente Ans, il est le plus grand monument laissé par les Habsbourg en Haute-Alsace.
Wintzenheim,
route des Cinq-Châteaux
Tél. : 03 89 30 10 20
www.chateau-hohlandsbourg.com

Informations touristiques

Principaux offices de tourisme

Bas-Rhin (67)

OT du Pays d'Erstein
16, rue du Général-de-Gaulle
BP 90
67152 Erstein
Tél. : 03 88 98 14 33
Fax : 03 88 98 12 32
erstein@tourisme-alsace.info
www.grandried.free.fr

OT de Haguenau
Place de la Gare
67500 Haguenau
Tél. : 03 88 93 70 00
Fax : 03 88 93 69 89
tourisme@ville-haguenau.fr
www.ville-haguenau.fr

OT du Pays de La Petite-Pierre
2a, rue du Château
67290 La Petite-Pierre
Tél. : 03 88 70 42 30
Fax : 03 88 70 41 08
ot-payslpp@tourisme-alsace.info
www.ot-paysdelapetitepierre.com

OT de la région de Molsheim-Mutsig
19, place de l'Hôtel-de-Ville
67120 Molsheim
Tél. : 03 88 38 11 61
Fax : 03 88 49 80 40
infos@ot-molsheim-mutzig.com
www.ot-molsheim-mutzig.com

OT de Niederbronn-les-Bains et sa Région
6, place de l'Hôtel-de-Ville
67110 Niederbronn-les-Bains
Tél. : 03 88 80 89 70
Fax : 03 88 80 37 01
office@niederbronn.com
www.niederbronn.com

OT d'Obernai
Place du Beffroi
67210 Obernai
Tél. : 03 88 95 64 13
Fax : 03 88 49 90 84
ot@obernai.fr
www.obernai.fr

OT de Saverne
37, Grand'Rue
67700 Saverne
Tél. : 03 88 91 80 47
Fax : 03 88 71 02 90
info@ot-saverne.fr
www.ot-saverne.fr

OT de la Haute-Vallée de la Bruche
114, Grand'Rue
67130 Schirmeck
Tél. : 03 88 47 18 51
Fax : 03 88 97 09 59
vallee-de-la-bruche@tourisme-alsace.info
www.hautebruche.com

OT de Sélestat
Commanderies Saint-Jean
Boulevard Leclerc, BP 90184
67604 Sélestat
Tél. : 03 88 58 87 20
Fax : 03 88 92 88 63
accueil@selestat-tourisme.com
www.selestat-tourisme.com

OT de Strasbourg
17, place de la Cathédrale,
BP 70020
67082 Strasbourg Cedex
Tél. : 03 88 52 28 28
Fax : 03 88 52 28 29
info@ot-strasbourg.fr
www.ot-strasbourg.fr

OT de Wissembourg
9, place de la République
BP 80120
67163 Wissembourg Cedex
Tél. : 03 88 94 10 11
Fax : 03 88 94 18 82
tourisme.wissembourg@wanadoo.fr
www.ot-wissembourg.fr

Haut-Rhin (68)

OT de Cernay et de la Région du Veil Armand
1, rue Latouche
68700 Cernay
Tél. : 03 89 75 50 35
Fax : 03 89 75 49 24
info@cernay.net
www.cernay.net

OT de Colmar
4, rue des Unterlinden
68000 Colmar
Tél. : 03 89 20 68 92
Fax : 03 89 41 76 99
info@ot-colmar.fr
www.ot-colmar.fr

OT de la Région de Guebwiller-Soultz
73, rue de la République
68500 Guebwiller
Tél. : 03 89 76 10 63
Fax : 03 89 76 52 72
otigs@wanadoo.fr
www.florival.net

OT de Kaysersberg, vallée, vignoble et montagne
39, rue du Général-de-Gaulle
68240 Kaysersberg
Tél. : 03 89 78 22 78
Fax : 03 89 78 27 44
info@kaysersberg.com
www.kaysersberg.com

OT et des Congrès de Mulhouse et sa région
9, avenue du Maréchal-Foch
ou place de la Réunion
68100 Mulhouse
Tél. : 03 89 35 48 48 ou
03 89 66 93 13
Fax : 03 89 45 66 16
info@tourisme-mulhouse.com
www.tourisme-mulhouse.com

OT de la vallée de Munster
1, rue du Couvent
68140 Munster
Tél. : 03 89 77 31 80
Fax : 03 89 77 07 17
tourisme.munster@wanadoo.fr
www.la-vallee-de-munster.com

OT Intercommunal des Bords du Rhin
6, place d'Armes
68600 Neuf-Brisach
Tél. : 03 89 72 56 66
Fax : 03 89 72 91 73
info@tourisme-rhin.com
www.tourisme-rhin.com

OT du Pays de Saint-Louis/Huningue
Maison de Haute Alsace
81, rue Vauban
68128 Village-Neuf
Tél. : 03 89 70 04 49
Fax : 03 89 67 30 80
info@alsace-cotesud.com
www.alsace-cotesud.com

OT du Pays de Ribeauvillé et Riquewihr
BP 28
68340 Riquewihr
Accueil Ribeauvillé :
1, Grand'Rue
Accueil Riquewihr :
2, rue de la 1re-Armée
Tél. : 0820 360 922
Fax : 03 89 49 08 49
info@ribeauville-riquewihr.com
www.ribeauville-riquewihr.com

OT du Pays de Thann
7, rue de la 1re-Armée
68800 Thann
Tél. : 03 89 37 96 20
Fax : 03 89 37 04 58
contact@ot-thann.fr
www.ot-thann.fr

OT du Val d'Argent
86, rue Wilson
68160 Sainte-Marie-aux-Mines
Tél. : 03 89 58 80 50
Fax : 03 89 58 80 49
tourisme@valdargent.com
www.valdargent.com

Comités Départementaux de Tourisme

Agence de Développement Touristique du Bas-Rhin
9, rue du Dôme, BP 53
67061 Strasbourg Cedex
Tél. : 03 88 15 45 88
Fax : 03 88 75 67 64
info@tourisme67.com
www.tourisme67.com

CDT Haut-Rhin
Maison du tourisme
de Haute-Alsace
1, rue Schlumberger, BP 60337
68006 Colmar Cedex
Tél. : 03 89 20 10 68
Fax : 03 89 23 33 91
adt@tourisme68.com
www.tourisme68.com

Comité Régional du Tourisme Alsace

20a, rue Berthe-Molly,
BP 247
68005 Colmar Cedex
Tél. : 03 89 24 73 50
Fax : 03 89 24 73 51
crt@tourisme-alsace.com
www.tourisme-alsace.com

La Maison de l'Alsace
39, avenue des Champs-Elysées
75008 Paris
Tél. : 01 53 83 10 10
Fax : 01 45 63 84 08
info@maison-alsace.com
www.maison-alsace.com

Toutes les cartes postales font partie de la collection
de Madame Monique SCLARESKY.

Éditeur : Henri Bancaud
Cartographie : Patrick Mérienne
Mise en page : Studio graphique
des Éditions Ouest-France
Impression : Pollina à Luçon (85) - n° L42291

Édilarge SA, Rennes
ISBN 978 2 7373 4204 2
Dépôt légal : février 2007
N° d'éditeur : 5392.01.06.02.07
Imprimé en France
Retrouvez-nous sur www.editionsouestfrance.fr